Lacan
e o espelho sofiânico
de Boehme

Copyright © by EDITORA CAMPO MATÊMICO
Proibida a reprodução total ou parcial

EDITORAÇÃO ELETRÔNICA
FA - Editoração Eletrônica

TRADUÇÃO
Procopio Abreu

REVISÃO
Sandra Regina Felgueiras

FICHA CATALOGRÁFICA

D8611
    Dufour, Dany-Robert.
        Lacan e o espelho sofiânico de Boehme / Dany-Robert Dufour ; [tradução de Procopio Abreu]. Rio de Janeiro : Companhia de Freud, 1999.
        60 p. ; 20 cm.

        ISBN 85-85717-33-5

        Inclui bibliografia.

        1. Lacan, Jacques, 1901-1981. 2. Psicanálise. I. Título.

                              CDD-150.195

Companhia de Freud
editora

ENDEREÇO PARA CORRESPONDÊNCIA
Rua Visconde de Pirajá, 547 - Sala 702
Cep 22415-900 - Ipanema - Rio de Janeiro
Tel.: (021) 540-7954 – Telefax: (021) 239-9492
email: tereza@ism.com.br

DO MESMO AUTOR
Ensaios
Le bégaiement des maîtres (1988), Arcanes, Estrasburgo. Reeditado com o título *Le bégaiement des maîtres – Lacan, Benveniste, Lévi-Strauss*, Arcanes, Estrasburgo, 1999.
Les mystères de la trinité, Gallimard, Paris, 1990.
Folie et démocratie, Gallimard, Paris, 1996.
Lettres sur la nature humaine, Calmann-Lévy, Paris, 1998.

Romances
Les instants décomposés, Julliard, Paris, 1993.

ILUSTRAÇÃO DE CAPA
Gravura em cobre, de Johann Georg Gichtel, da página-título das *Obras Completas* de Jakob Böehme, editadas em alemão em Amsterdã, 1682, in Jakob Böehme, *Von der Gnadenwahl*, Philip Reclam Jun. Stuttgart, 1988.
Nela podem ser lidas as seguintes menções:
Gnaden Wahl – Wille – Wohl – Wehe – Aus einem Saft – Von guten Kraft – Gehet hin zum fewer Pfuhl – Kommet her zum Gnaden Stuhl – Verstockung – Bosheit – Vergebung – Buβe.

Dany-Robert Dufour

Lacan
e o
espelho sofiânico
de
Boehme

Companhia de Freud
editora

Grande Vaidade 1641 Sébastian Stoskopff

Gostaria de fazer uma breve incursão no campo dos estudos lacanianos a fim de expor uma hipótese que me parece relativamente nova quanto às fontes do *estádio do espelho*. Ao fazê-lo, sei que toco num ponto-chave da história do "lacanismo", já que o *estádio do espelho* representa de certa forma o momento decisivo em que, para dizê-lo sem rodeios, Lacan se tornou Lacan.

O *estádio do espelho* tem tanto mais o sabor dos momentos fundadores porquanto foi o próprio Lacan quem tornou plausível a idéia. Dele falou nos *Escritos* como o "primeiro pivô de sua* intervenção na teoria psicanalítica". Além disso, em várias oportunidades apresentou o *estádio do espelho* como a "vassourinha" graças à qual ele entrara em psicanálise – notadamente na sessão de 10 de janeiro de 1968 do seminário dedicado a *O ato psicanalítico*. É claro que não é indiferente que Lacan evoque essa

---

* Em francês, *[s]on*. (NR)

época de trinta anos antes numa sessão em que está essencialmente em questão a "determinação do começo", do bom uso do "cruzamento do Rubicão", da interrogação do ponto de αρχη, da causa de si spinoziana, do *cogito* cartesiano, da equivalência entre as fórmulas do começo em São João "No começo era o verbo" e do começo gœteano "No começo era a ação"...

Neste caso, é notável que seja no momento em que Lacan trabalha a questão do "começo" que "seu" *estádio do espelho* lhe volte à mente. O ato é dado a entender como ato de fala (num sentido que me parece bem próximo do performativo de Austin), isto é, um dizer que é um fazer e que abre assim ("começo") uma série discursiva. Mas a atenção dada ao que sucede ao ato não resolve entretanto a questão de saber o que é o próprio ato. É aí que intervém uma notável definição que aliás encerra a sessão: "o sujeito do ato [...] é um sujeito que, no ato, não está". Podemos reconhecer nesta distorção interna do sujeito um esquema que já fora utilizado por Lacan para reinterpretar o sujeito cartesiano à luz do sujeito freudiano do "*Wo es war...*": não penso ali onde estou, não estou ali onde penso (o sujeito do *Cogito* é aliás evocado na sessão). Quanto à "vassourinha", sua acepção coloca-a no gênero dos utensílios de limpeza, o que leva a imaginar que o *estádio do espelho* foi considerado pelo próprio Lacan como aquilo por onde foi iniciada a reorganização da casa Freud.

Esse valor pioneiro dado ao episódio do estádio do espelho, sempre reiterado por Lacan, é fortemente reforçado pela dupla dramatização que acompanhou esse texto: por um lado, na própria época do *estádio do espelho*, Lacan foi impedido de ler seu texto pelo *establishment* psicanalítico de então[1]; pelo outro, esse texto original, até mesmo originário na medida em que atesta um desejo de (re)fundação ou pelo menos um sério desejo de fixar data, foi simplesmente perdido por seu autor depois que, como o escreveu muito tempo após, ele "esqueceu de

---

[1] "Fiz uma comunicação formal no congresso de Marienbad em 1936, pelo menos até esse ponto que coincide exatamente com o quarto sinal do décimo minuto, quando fui interrompido por Jones, que presidia o congresso na qualidade de presidente...". Ver LACAN, *Écrits*, Seuil, Paris, 1966. "Propos sur la causalité psychique", p. 184. Título original da comunicação de Lacan: "Le stade du miroir. Théorie d'un moment structurant et génétique de la constitution de la réalité, conçu en relation avec l'expérience et la doctrine psychanalytique", índice do título em inglês em *International Journal of Psychoanalysis*: "The loocking-glass-phase".

entregar o texto para o resumo do congresso"[2]. Por muito pouco, seria assim possível dizer que esse texto decisivo nunca existiu publicamente já que, em suma, não foi lido onde deveria sê-lo e não foi publicado como deveria ter sido: com efeito, restam desse texto apenas as versões ulteriores de 1938, de 1949 e de 1966[3].

De que maneira essa dupla falta do texto, não lido, não publicado – para dizê-lo à maneira do "mal visto, mal dito" de Beckett – pôde contribuir para sua transformação em arquitexto? Essa virada seria incompreensível se não fosse justamente constitutiva da própria lógica do ato. Difícil, com efeito, não notar que essa inversão de uma falta em presença está no cerne da problemática do ato tal como Lacan a desenvolve: da mesma forma que o sujeito do ato é o sujeito que ali

---

[2] Ibid. "De nos antécédents", p. 67.
[3] 1938: Verbete sobre "la famille" na *Encyclopédie française* (Larousse, Paris, 1938, tomo 8, reeditado sob o título *Les Complexes familiaux dans la formation de l'individu*, Navarin, Paris, 1984). 1949: "Le stade du miroir comme formateur de la fonction du Je, telle qu'elle nous est révélée dans l'expérience psychanalytique", 16º Congresso International de Psicanálise, Zurich (17-7-1949) *Revue française de psychanalyse*, 4, 1949, 1966: retomada em *Écrits*, op. cit.. A que se deve acrescentar os "Propos sur la causalité psychique" (1946), cujas oito últimas páginas retomam, atualizando-os, os argumentos do texto de 1938.

não está, o objeto do ato é o objeto que ali não está, o objeto que falta em seu lugar. É precisamente isso, essa relação entre, diria eu, "o que faz falta" e "o que a falta faz" que se presta muito bem ao tratamento legendário. Não há fábulas, gestos míticos que não procedam desses grandes momentos de inversão: é a própria magia, o instante em que nada se torna algo, que aí encontra seu lugar.

Dever-se-ia portanto interrogar os valores tanto heurísticos quanto míticos ligados a esse texto na constituição da epopéia lacaniana: o que veio a seguir, a partir desse texto? Qual série discursiva especificamente lacaniana assim se abriu? Como Lacan encontrou razões para continuar (não sem ter várias vezes repetido esse início, incoativamente de certa forma, notadamente com os textos de 1938 e de 1949)? Quais efeitos de reconhecimento, com o valor imaginário e legendário ligado a esses efeitos, se apoiaram nesse texto? Qual é a parte da constituição retrospectiva desse ato na medida em que ele é fundado como tal só-depois? Tantas questões legítimas às quais será preciso de fato um dia se dirigir, mas que apresentam o risco de projetar-nos no centro dos estudos lacanianos com o risco centrípeto de fechá-las rápido demais sobre si mesmas. Foi o que rápido fizemos, em face desses objetos OVNI que deslocam as perguntas e as respostas, ao nos deixarmos fascinar pela estranha claridade que deles emana e ao nos esquecermos de reconstituir os deslocamentos que visavam dizer de onde eles vêm e onde estavam exatamente antes de ali se encontrarem. Essa tentação de fechamento do texto sobre si mesmo é tanto mais forte com o *estádio do espelho* porquanto existe uma forte homologia entre o que nele se enuncia e as circunstâncias da enunciação. O espelho afirma com efeito que existe um deslocamento formador do sujeito – *eu* [*je*] só está *aqui* desde que esteja *ali* – de modo que a ficção preside à formação do sujeito. Quanto às circunstâncias em que essa tese foi formulada, elas já foram lembradas: o texto não vem em seu lugar, ele desapareceu daqui como texto para fundar-se ali como arquitexto. Como freqüentemente em Lacan, podemos identificar uma relação decisiva entre o enunciado da tese e as circunstâncias

Velasquez, As Meninas. 1656

"A hipótese de Foucault segundo a qual o espelho ao fundo reflete diretamente o Rei e a Rainha que estão de frente para a cena (*Les Mots et les Choses* [*As palavras e as coisas*], Paris, Gallimard, 1966, cap. I) foi colocada em dúvida por trabalhos recentes, particularmente de Campo y Frances (1985). Érik Porge precisa em que ponto está a questão, remetendo-a aos comentários feitos por Lacan em diversas sessões do Seminário de maio de 1966 (cf. "L'analyste dans l'histoire et dans la structure du sujet comme Velasquez dans Les Ménines", in *Littoral* n° 26, 1989). Deve-se notar que *As Meninas* não param de enriquecer-se com novas interpretações, pondo sempre, parece, mais espelhos em jogo (ver, por exemplo, a hipótese de aspecto bastante lacaniano de Michel Thévoz, com um jogo especular e especulativo levado a seu máximo, no cap. 3 de *Le miroir infidèle* [*O espelho infiel*], Minuit, Paris, 1996).

de sua enunciação – que se lembre por exemplo das circunstâncias da enunciação da tese sobre a inversão da mensagem onde Lacan só teve que retomar da boca de um interlocutor suas palavras sobre a inversão da mensagem, invertendo-a...

Não é preciso muito para que tudo pareça saído unicamente de um curto-circuito notável entre enunciado e enunciação, com o risco de fazer desaparecer do campo de visão o que a tese formulada deve ao resto do pensamento. Ora, a primeira tarefa ao se pretender pensar é interrogar a magia daquilo que parece fundar-se *ex nihilo* para tentar tecer novamente os laços que o clarão do ato fundador tende inevitavelmente a jogar na sombra. É por isso que a primeira medida para reatar esses laços parece-me ser recolocar a questão no lugar, começando por interrogar não o que sucede ao *estádio do espelho*, mas o que o precede. Em resumo, o que encontramos antes do ato de enunciação do espelho?

Escolhi cinco fontes do *estádio do espelho*: quatro já são mais ou menos conhecidas, mas a quinta o é muito menos.

La Dame à la Licorne, La Vue.
Tapeçaria de Bords de Loire,
Século XVI.

Vou portanto me contentar em lembrar as quatro primeiras para desenvolver um pouco mais em detalhe a quinta.

O narcisismo

Como fonte do *estádio do espelho* entra evidentemente o texto de Freud de 1914, "Para introduzir o narcisismo". Sabemos que é preciso entender por esse título não uma introdução a esse conceito, mas a tentativa, bem mais radical, de introduzir o narcisismo na psicanálise. A noção já circulava há muito tempo na descrição clínica (Näcke em 1899, Abraham em 1908) e só tardiamente foi importada por Freud para a doutrina psicanalítica, ao passo que seu aparelho teórico já estava bem constituído. É sabido que essa introdução, que procede de uma dualização da pulsão em libido narcísica e em libido objetal, devia produzir efeitos a longo prazo consideráveis (sobre as tópicas, sobre uma segunda dualização da pulsão com a hipótese da pulsão de morte, sobre a clivagem do sujeito...), a tal ponto que Lacan não pôde considerar sua própria contribuição sem referi-la aos efeitos a longo prazo daquilo que "a psicanálise admiravelmente designou sob o nome de

Incessantemente minha queixa mártir arrasta
Mortais espíritos de meus dois flancos doentes:
E meus suspiros da Alma triste atrai,
Acordando-me sempre com as serenatas
De seus soluços por demais sujos e insossos:
Como de tudo tendo necessidade,
Tão reduzido na perplexidade,
Ao aí acabar a esperança ainda se vangloria.
  Porque perturbado por tal ansiedade,
Vendo meu caso, comigo me espanto.

Regozijo-me quando tua face se mostra,
Cuja beleza pode os Céus arruinar:
Mas quando teu olho com o meu se encontra,
Sou forçado a minha cabeça inclinar:
E sobre a terra tenho que me vergar,
Como quem quer a ela ajuda pedir,
E contra o perigo seu remédio adquirir,
Tendo comum em ti compaixão.
  Pois tu farias nós dois bem cedo perecer.
Eu pelo olhar, tu pela reflexão.

narcisismo"[4], ainda que com o risco de identificar de imediato as "contradições doutrinais inextricáveis"[5] e as "latências da semântica"[6].

Nesse veio do narcisismo, os trabalhos de Rank ocupam um lugar importante. Iniciados em 1911 com *Ein Beitrag zum Narzissismus*, alimentados por estudos publicados em 1914[7], eles foram decisivos no trabalho de introdução dessa noção e seus efeitos são facilmente situáveis, tanto na hipótese freudiana da *Unheimliche* quanto nos "mecanismos de inversão, de isolamento e de reduplicação" ligados à "*imago* do duplo", formulados por Lacan em seu estádio do espelho.

Se é amor, por que então me mata,
Quem tanto amava e jamais soube odiar?
Disso não posso tanto me espantar,
E ainda que jamais o ofendesse:
Mas sofre ainda, sem lamentações quaisquer,
Que ele me consome, tal como ao fogo a Cera.
E, me matando, a viver ele me deseja,
A fim de que, amando outro, eu não me desame.
  O que mais é preciso além de me matar,
Já que cedo morre quem demais em vão ama?

O espelho emblemático.
"*La Licorne qui se voit*"
"*Le Basilic et le Miroir*"
"*Narcisse*"

Trechos de "Delie"
de Maurice Scève.
1544*

* Incessamment mon grief martyre tire / Mortelz espritz de mes deux flans malades: / Et mes souspirs de l'Ame triste attire, / Me resveillantz tousjours par les aulbades / De leurs sanglotz trop desgoutément fades: / Comme de tout ayantz necessité, / Tant que reduict en la perplexité, / A y finir l'espoir encor se vante. / Parquoy troublé de telle anxieté, / Voyant mon cas, de moy je m'espouvante. / Je m'esjouys quand ta face se monstre, / Dont la beaulté peult les Cieulx ruyner: / Mais quand ton oeil droit au mien se rencontre, / Je suis contrainct de ma teste cliner: / Et contre terre il me fault incliner, / Comme qui veulx

---
[4] LACAN, *Écrits*, op. cit.. "Propos sur la causalité psychique", p. 186.
[5] Ibid.
[6] LACAN, *Écrits*, op. cit.. "Le stade du miroir (...)", p. 98.
[7] Otto RANK, *Don Juan* [1921], seguido de *Le double* [1914], Payot, Paris, 1973. *Le Double* baseia-se essencialmente em fontes literárias tais como os mitos dos gêmeos, *Dr. Jekill e Mr. Hyde*, *Dorian Gray*...

O neodarwinismo

Lacan retomou, por sua vez, os trabalhos do anatomista Bolk (*Das Problem der Menschwerdung*, 1926[8]) sobre a neotenia do homem. A neotenia havia sido evocada para certas espécies animais por Darwin[9]. Ora, Bolk a aplica ao próprio homem. A neotonia corresponde a uma prematuração específica, isto é, à transformação de certos caracteres normalmente transitórios da juvenilidade em caracteres adquiridos e transmissíveis. Desde o artigo de 1938, Lacan faz explicitamente da neotenia do homem um pivô de sua demonstração ("não se deve hesitar em considerar o homem como um animal de nascimento prematuro"). A referência direta a Bolk aparece aliás nos "Propos sur la causalité psychique" de 1946.

É evidente nas palavras de Lacan que o inacabamento orgânico é suprido por uma

d'elle ayde requerir, / Et au danger son remede acquerir, / Ayant commune en toy compassion. / Car tu ferois nous deux bien tost perir. / Moy du regard, toy par reflection. / Si c'est Amour, pourquoy m'occit il doncques, / Qui tant aymay, & onq me sceuz hair? / Je ne m'en puis non asses esbahir, / Et mesmement que ne l'offençay oncques: / Mais souffre encor, sans complainctes quelconques, / Qu'il me consume, ainsi qu'au feu la Cyre. / Et me tuant, a vivre il me desire, / Affin qu'aymant aultruy, je me desayme. / Qu'est il besoing de plus oultre m'occire, / Veu qu'asses meurt, qui trop vainement ayme?

---

[8] Tradução francesa de F. Gantheret e G. Lapassade, "Le problème de la genèse humaine", *Revue française de psychanalyse*, março-abril 1961.
[9] "Sabe-se atualmente que alguns animais são aptos a se reproduzirem numa idade muito precoce, antes mesmo de terem adquirido seus caracteres adultos completos; se esta faculdade viesse a ter numa espécie um desenvolvimento considerável, é provável que o estado adulto desses animais cedo ou tarde se perderia". Cf. Ch. DARWIN, *L'origine des espèces*, cap. 6.

experiência decisiva de natureza psíquica no processo de formação do indivíduo. Essa experiência, Lacan toma-a às teses, elas também neodarwinistas, de Wallon (expostas em *Les origines du caractère chez l'enfant*, publicado em 1934). Elas fazem da captação espetacular em que a criança se reconhece e unifica seu eu [*moi*] no espaço o momento de uma experiência que comanda o acesso a uma ordem de coordenação mais ampla. A particularidade dessa experiência vem do fato de que ela deve tanto ser entendida como o último ato de maturação natural quanto como o primeiro ato cultural que precipita decisivamente o sujeito no mundo humano. Ainda que o nome de Wallon curiosamente não seja citado no artigo de Lacan de 1938, embora este tenha sido encomendado pelo próprio Wallon para a *Encyclopédie française*, Lacan mais tarde reconheceu sua dívida para com ele[10].

A natureza dessa experiência é definida por Lacan em referência ao que os biólogos alemães dos anos 20 chamam o *Umwelt*, que

Brancusi, L'Oiselet, escultura, 1925

---

[10] Está sublinhado no verbete de 1948, "L'agressivité en psychanalyse" (cf. LACAN, *Écrits*, op. cit.) o caráter "notável" das contribuições de Wallon.

remete ao meio exterior tal como ele é interiorizado em cada espécie. Os primeiros meses da vida devem ser pensados como ruptura das condições de ambiente que remete o indivíduo às imagens (*imago*) do habitat intra-uterino. Os termos de "ruptura das condições de ambiente" figuram no texto de 1938 e os de "ruptura do círculo do *Innenwelt* ao *Umwelt*" no texto de 1949. Mas a natureza da experiência mudou um pouco entre 1938 e 1949: o que deriva de uma dimensão imaginária em 1938 torna-se o fundo de uma experiência simbólica em 1949 – o artigo "L'efficacité symbolique" de Claude Lévi-Strauss publicado alguns meses antes, sobre o qual Lacan amplamente se apoiou para formular suas teses sobre a ordem simbólica, provavelmente passou por ali, sendo aliás citado.

[...]
Sou alguém e estou cagando pra você", ó deus,
demônio,
deixe passar meu corpo de merda,
tenho um corpo
e você só pode saber o que é a vontade de ter um.
Nem o ser, nem o nada,
    alguém,
    o homem,
    um homem
    simplesmente
e a paz,
bastante.
Não há nada a saber.
Não há nada tampouco a aprender.
As concepções, as noções, os sentimentos são miasmas
    elevados do corpo no catrepti
(catrepti em grego quer dizer espelho)
espelho
onde o impessoal embrutecido se olha
porque ele não é um, nem ele,
    mas isso,
    isso,
tudo o que passa no espelho.
O que, pois?
    Mas nada,
    nada,
o que ele deseja no espelho
não podendo desejá-lo nas coisas
    e em coisas
porque as coisas também
    onde viver
    e como viver
    e que viver
e que para viver isso se faz,
é preciso fazer seu espaço de objetos
e a terra de seus objetos,
a terra para nela ir morar
com a terra de seus objetos (seus)
que não são encontrados prontos
quando nascemos

A criança nascida, chamada a viver,
a ali estar
quando ali não estava,
a existir
quando não existia,

A Psicologia da Gestalt

Esse equívoco entre o imaginário e o simbólico deve-se ao fato de que a imagem possui um estatuto ambíguo que a faz oscilar da multiplicidade de seus elementos (soldando-se pela imagem quebrada de um corpo despedaçado) à sua apreensão como totalidade. Quanto a este último ponto, Lacan baseia-se fortemente nos trabalhos da Psicologia da Gestalt e cita em particular os trabalhos de Elsa Köhler (1926) mostrando que uma Gestalt ("forma") é capaz de efeitos normativos sobre o organismo e os de Charlotte Bühler (1927) sobre o transitivismo infantil, o qual assinala a entrada numa forma de inteligência ligada à sociabilidade.

Lacan jamais abandonará a idéia de uma intervenção da dimensão social ligada à percepção do outro na maturação biológica do indivíduo e se baseará constantemente nos trabalhos de zoólogos e entomólogos[11]. Seus alunos o ouvirão assim evocar com constância, ao longo de seu seminário, o exemplo da *fêmea do pombo* que, isolada de seus congêneres, não ovula e do *grilo* peregrino no qual a aparição do tipo gregário é determinada pela percepção da forma adulta durante o período larvar.

padece com todas as suas forças,
com todos os seus músculos,
com todos os seus nervos,
com toda a sua vida,
e ela protesta,
sua vida protesta,
seu corpo protesta,
sua vida nela protesta.

Um dia, mais tarde,
ela terá que escolher
entre ter nascido
e não ter nascido,
ali estar
ou ali não ter estado,
ela terá que decidir quanto à terrível cumplicidade
que a une à larva ou ao nada
que ela era antes de nascer,
[...]

Antonin Artaud.
Cahiers du retour à Paris, dez. 1946 – jan. 1947.

---

[11] Ver, por exemplo, LACAN, *Écrits*, "Propos sur la causalité psychique" (op. cit., p. 190), onde Lacan cita os trabalhos de Harrisson (1939) e de Chauvin (1941).

HISTÓRIA DO ESPELHO
Sabine Melchior-Bonnet
Imago

Um irresistível fascínio

Durante todo o século XVI, espelhos de aço e espelhos de vidro são utilizados em conjunto. Em seus *Brasões domésticos contendo a decoração de uma casa honesta* [*Blasons domestiques contenant la décoration d'une maison honnête*] (1539), Gilles Corrozet junta numa mesma admiração o "espelho de aço bem claro" e o "espelho de vidro bem escuro". Auxiliar precioso da luz e da beleza, ocupa lugar de destaque na mobília e oferece seu brilho em residências parcamente iluminadas: "espelho de boa grandeza", insiste Corrozet. A gravura, que acompanha a primeira edição, apresenta um espelho do tamanho de uma cabeça montado sobre um pé bem alto e muito ornamentado, mas não se pode distinguir de que matéria é feito. Francisco I não deixa, em 1533 e 1534, de encomendar ainda a dois de seus joalheiros, Guillaume Hotman e Allard Plommyer, quatro ou cinco espelhos de aço de grande dimensão. Quase sempre os espelhos dos reis ou dos príncipes são de prata ou de ouro, engastados em molduras preciosas, como o de Gabrielle d'Estrée, guarnecido de diamantes e rubis e avaliado em 750 libras em 1599. O espelho de cristal só lentamente destrona - e apenas na aristocracia - o espelho de metal que mais ou menos desaparece por completo dos inventários no último terço do século XVII. Mas por volta de 1652, em sua *Perspectiva curiosa* [*Perspective curieuse*] (1638), J.-F. Niceron dá ainda uma receita para fabricar espelhos de aço côncavos para fins experimentais. Um século mais tarde, um comerciante cuteleiro, J.-F. Perret, recebe um certificado da Academia Real de Ciências pois "conseguiu dar ao aço um polimento tão belo quanto o que dá o prateado" e sua invenção é proposta àqueles que querem aprender a arte de barbear-se sozinhos (a Pogonotomia).

Mas, para quem se mirou num espelho de Veneza, nenhuma comparação é possível: Francisco I, apaixonado por todas as novidades, amante de luxo e de arte italiana, se apressa em encomendar a seus ourives espelhos de Veneza. Em 1532, Allard Plommyer entrega-lhe um espelho guarnecido de ouro e pedrarias. No ano seguinte, Jehan Grain fornece-lhe treze e, em 1538, Plommyer e Pouchet entregam-lhe mais onze. Um único desses espelhinhos com sua moldura preciosa custa 360 escudos de ouro. A moda está lançada, a necessidade criada, e vai custar à França somas fabulosas, pois a corte não resistirá à sedução das novidades. O exemplo vem de cima. Catarina de Médicis, italiana já familiarizada com esses tesouros, mandou instalar, após a morte de Henrique II, um célebre "gabinete de espelhos". Sobre a lareira, "via-se com efeito um retrato do falecido representado em perspectiva num espelho" e, nas paredes, "cento e dezenove espelhos planos de Veneza estavam embutidos nos lambris do dito gabinete".
No inventário após o falecimento de Marguerite de Valois em 1615, são encontrados, na Rua de Seine, "quatro espelhos de cristal de rocha" guarnecidos de ouro, realçados de lazulita e diamantes, dos quais um só vale 1500 libras. A rainha Anne d'Autriche tem seu "quarto de espelho" no Louvre, onde suas damas de companhia a penteiam. Loucura pelo espelho! Toda a nobreza o exige. Em 1633, um baile é dado no Hotel de Chevreuse em presença da rainha e a sala é decorada com espelhos alternando com as tapeçarias. Em 1651, quando o arcebispo de Sens oferece uma festa à duquesa de Longueville, cinqüenta espelhos de Veneza embelezam a sala, o que nos vale alguns versos gozadores da *Muse historique*, assinados por J. Loret que vê duplicarem-se "as figuras/as caretas e as posturas/os risos, as graças, os encantos/os seios, as mãos, os braços/dessa bela cabala/ que se festejava nessa sala". A moda do gabinete dos espelhos causa furor

e é impossível imaginar uma preciosa sem o seu: o da duquesa de La Vallière contém quatorze espelhos e supera o da duquesa de Bouillon. A *Grande Mademoiselle* no exílio em Saint-Fargeau manda instalar pequenos redutos em gabinetes e guarda-roupas onde logo lhe colocam espelhos. "Em seus gabinetes encantados, O tecido não mais encontra lugar / Todas as paredes dos quatro lados, / estão de espelhos incrustadas", observa Regnier-Desmarets. O inventário de Fouquet compreende uma impressionante coleção de espelhos das mais diversas molduras, ouro, prata, prata dourada, marfim, escama de tartaruga. Mazarino, que também tem vários, os propõe como prêmio de uma loteria. O gabinete do delfim, descrito por Félibien, contém "por todos os lados e no teto espelhos com compartimentos e bordas douradas sobre um fundo de marchetaria de ébano". No gabinete do marechal de Lorges, sogro de Saint-Simon, a paisagem da colina de Montmartre repercute nas paredes com a ajuda de "dois pares de espelhos". Os inventários do mobiliário da coroa feitos durante o reinado de Luís XIV recenseiam quinhentos e sessenta e três espelhos. As pessoas não se arruinam apenas pelos espelhos na parede, mas também pelos espelhos-jóias, avaliados nos inventários com os anéis e os colares, que fazem freqüentemente parte dos mais suntuosos presentes de casamento, tal como o de Isabelle de Saint-Chamond, que o recebe em 1610 do pai, "cristalino embutido em ouro, ornado de oito rosas de rubis", ou ainda o dessa rica noiva cuja roupa descreve o poema: "Os espelhos moldados de vidros de Veneza/O leque de rendas, as abas *à la* Guise/ Tantas correntes de hiálito (pedra negra de Gage) e tantos braceletes...". Quanto aos espelhos na cintura, presos a uma corrente, são a última moda: Corneille embeleza com eles a bela Angélique (la Place royale, 1635), Pascal observa "uma linda donzela toda enfeitada de espelhos e correntes" e La Fontaine vê deles por

O hegelianismo

Lacan seguia de modo "assíduo"[12] o seminário de Kojève sobre Hegel desde 1934. Sabe-se por uma nota de Kojève de julho de 1936[13], isto é, às vésperas da primeira comunicação sobre o *espelho* que Lacan devia fazer em Marienbad no congresso da IPA, que Lacan e Kojève tinham combinado escrever juntos um estudo que devia se chamar *Hegel et Freud: essai d'une confrontration interprétative*. "Esse estudo devia ser dividido em três partes:

1º 'Gênese da consciência de si'.
2º 'A origem da loucura'.
3º 'A essência da família'[14]".

[12] Ver E. ROUDINESCO, *Jacques Lacan*, Fayard, Paris, 1993, p. 142.
[13] Ibid, p. 148.
[14] Ibid, p. 148.

toda parte, "nos bolsos dos galantes" e "nas cinturas das mulheres". Talvez nem todos sejam de cristal, mas custam bem caro por causa de sua decoração. O fascínio da nobreza conquista rápido os notáveis da administração e a burguesia parisiense e os inventários após falecimento nos informam sobre sua difusão. Por exemplo, Marguerite Mercier, esposa de um mordomo de Luís XIV, M. d'Espesse, cuja renda é relativamente alta. Em 1654, data do casamento, os esposos possuem 1750 libras de renda por trimestre: não possuem residência e alugam um apartamento. A dona da casa, por medida de economia, remenda, limpa e tinge regularmente seu enxoval. Em 1655, ao dar à luz uma menina, o marido lhe oferece "seu primeiro espelho com cordões e grampos: custo: 165 libras".
Na maioria dos casos, a presença de um espelho indica um ofício de representação, em contato com a corte. Trata-se de famílias de magistrados, conselheiros do rei, membros da chancelaria e oficiais de justiça. A burguesia comerciante segue o ritmo, mas mais tarde, e se contenta com espelhos de pequena dimensão – menos de trinta centímetros – e de bordas modestas, em moldura de pereira. J.-P. Camus, bispo de Bellet e contista moralista, observa que os ricos olham os eclipses no céu por meio de um espelho e os pobres numa bacia de água (*La Tour des miroirs*, 1631). Charles Sorel, em sua *Histoire comique de Francion*, põe em cena um regente de escola, que nunca se mirou senão num balde de água e que, apaixonado por uma de suas alunas, põe todas as suas economias na compra de um espelho para julgar o efeito que ele fará! Antes de 1630, os espelhos ainda são raros. Em duzentos e quarenta e oito inventários parisienses após falecimento escalonados entre 1581 e 1622, são encontrados apenas trinta e sete espelhos recenseados, dos quais nove de vidro de Veneza e os vinte e oito outros em "bronze",

Kojève redigiu sozinho quinze páginas sobre a primeira parte, comparando o *cogito* cartesiano com a consciência de si hegeliana. Mas não se pode deixar de pensar que esse programa ocupou Lacan durante um longo período e que sua comunicação do mês seguinte sobre o *estádio do espelho* é testemunha de uma parte de sua realização, embora a seqüência sobre a confrontação do sujeito cartesiano com o sujeito freudiano devesse vir somente bem mais tarde.

Lembremos que a reflexão de Hegel fala, desde o primeiro capítulo de *A fenomenologia do espírito*, sobre a natureza da proposição especulativa que se define por si mesma e sobre as categorias de tempo e de espaço como "aqui" e "agora", cuja definição mistura universalidade e singularidade. Hegel observa que elas fazem inverter-se entre si um "momento universal" e uma "relação imediata única"[15]. Hegel constata que essa interpenetração "abole a forma da proposição", o que quer dizer que ela faz desaparecer a escansão métrica da diferença

"cobre", "aço", "azul" (vidro colorido de azul), que assim se repartem: dois espelhos na nobreza (para dezoito inventários), quinze entre magistrados e conselheiros do rei (quarenta inventários), dois entre auxiliares de justiça e médicos (dezesseis inventários) dez entre burgueses de Paris (cinqüenta inventários), um entre os companheiros operários (trinta inventários) estão divididos vinte vezes no quarto principal e somente cinco vezes na sala comum. Cinco lares entre os duzentos e quarenta e oito possuem dois espelhos. Ao lado dessa média, notam-se alguns casos particulares: um conselheiro da corte do Parlamento tem em sua casa três espelhos; um escudeiro do rei, soldado da companhia, possui "seis grandes espelhos de Veneza embutidos em ébano, avaliados em 7 libras". Os lares de onde o espelho está ausente não são forçosamente desprovidos de bens e não ignoram as alegrias da decoração: 60% dos lares estudados comportam vários quadros e 16%, tapeçarias. A presença dos espelhos não pode portanto estar ligada ao nível de recursos, mas bem mais ao estilo de vida e à atração exercida pelo modelo dos grandes.

Nos vinte anos seguintes, as perspectivas se modificam de modo bem nítido e o espelho aparece com freqüência duas vezes maior: cinqüenta e cinco espelhos recenseados em cento e sessenta inventários escalonados entre 1638 e 1648 – um espelho para três lares. Doravante, o sucesso deles atinge todas as classes sociais, biscateiros, vinagreiros, carreteiros figuram ao lado do burguês alfaiate, do passamaneiro e do conselheiro do rei. Em vinte e dois casos, as famílias dispõem de um patrimônio superior a 600 libras e, em vinte dezenas de casos, trata-se de inventários de menos de 500 libras. Ao lado dos espelhos pendurados na parede, os inventários assinalam espelhinhos de toalete e também "espelhos de vidro quebrado". A partir de 1650, o espelho está

---

[15] As citações que se seguem são extraídas da tradução de J-P. Lefèvre da *Fenomenologia do espírito* de HEGEL, publicada pelas edições Aubier (Paris, 1991).

entre sujeito e predicado e ele nota que entramos então, não necessariamente num especulativo estéril como durante muito tempo se pensou, mas num "especulativo efetivo" que deve ser estudado e não eludido como nas filosofias da simples administração da prova: "é preciso", escreve Hegel, "que esse movimento contrário seja enunciado; é preciso que ele não seja apenas esse bloqueio interno, é preciso que essa volta do conceito em si seja *exposta*". O que Hegel faz nos três primeiros capítulos da *Fenomenologia*:
"I. A certeza sensível ou o isto e o ponto de vista íntimo",
"II. A percepção, ou a coisa e a ilusão",
"III. Força e entendimento, fenômeno e mundo supra-sensível".

Em geral lemos por alto estes capítulos para mais rápido chegarmos ao quarto, "IV. A verdade da certeza de si mesmo", onde está desenvolvida a dialética resolutiva do mestre e do escravo e apresentado o advento da consciência de si. Ora, essa pressa em concluir, em buscar a saída, é danosa pois faz passar por cima do mundo do "Um, dividido em si mesmo" – o termo é de Hegel.

ainda mais amplamente difundido, é encontrado em dois terços dos inventários parisienses. Uma mesma família possui freqüentemente vários: um comediante ordinário do rei tem seis, mas trata-se talvez de um instrumento de trabalho onde estuda suas mímicas. Sua ausência torna-se então significativa. Curiosamente, acontece de famílias de notáveis, burgueses de Paris, procurador no Parlamento, controlador geral, escudeiro do rei, mestre alfaiate, não o possuírem, embora disponham de alto nível de renda e que sejam providos, por outro lado, de tapeçarias e talheres de prata. Muitos parâmetros intervêm: quase sempre o espelho toma o lugar do quadro; não ultrapassa cinqüenta centímetros e é emoldurado com madeira de pereira: "esse precioso milagre, assinala um observador parisiense, no final do século XVII, está hoje igualmente nas mãos dos grandes e dos pequenos".

Hegel percebeu que entrávamos ali num "mundo invertido" onde – cito – "o *outro* é o *em si*", onde "o que é adoçado ao gosto (...) seria amargo", onde "o pólo Norte na bússola real do fenômeno seria o pólo Sul no *ser interno*" e onde "o idêntico é não-idêntico a si e o não-idêntico, idêntico a si". Nesse "mundo ao avesso", os "termos são desdobrados", de modo que o "Eu [*Je*] é a um só tempo o conteúdo da relação e o ato da relação".

É precisamente essa lógica do *Um-dividido* que está de novo em jogo no *estádio do espelho*. No *espelho*, com efeito, o segundo está no um, o outro está em si e é evidentemente o que dá base a estes poderosos "mecanismos de inversão, de isolamento, de reduplicação, de anulação, de deslocamento"[16] observados por Lacan.

Pablo Picasso
Mulher diante do espelho, 1932

---
[16] LACAN, *Écrits*, op. cit., "Le stade du miroir".

A teosofia de Jacob Boehme

Todas as referências que acabo de evocar já são mais ou menos conhecidas. Mas ainda não foi sublinhada, a meu conhecimento, a importância decisiva, na elaboração do *estádio do espelho,* de um esquema oriundo do pensamento filosófico barroco que Lacan não podia deixar de conhecer em 1936.

Esse tema tinha sido introduzido por Koyré em sua tese, *A filosofia de Jacob Boehme*, publicada pelas edições Vrin em 1929. Ora, é difícil imaginar que Lacan, que mantinha desde 1934 sólidas amizades filosóficas com Kojève e Koyré (centro de um núcleo filosófico em torno do qual gravitavam, entre outros, Corbin, Bataille, Queneau...), pudesse ignorar os trabalhos de Koyré a quem Kojève não parava de se referir. É tanto menos verossímil porquanto o artigo já evocado sobre Hegel e Freud, que Kojève e Lacan deviam escrever em conjunto, estava destinado à revista *Recherches philosophiques*, dirigida por Koyré.

O que se reteve principalmente da influência de Koyré sobre Lacan foram suas

Retrato de Jacob Boehme por volta de 1675

teses sobre a história do pensamento filosófico e científico nos séculos XVI e XVII e notadamente sobre o papel do neoplatonismo na invenção da nova ordem galileana, que destituía o homem de qualquer lugar central no universo levava ao abandono das perspectivas finitas do universo. Mas não foi dada importância ao fato de que, para sustentar esta tese, Koyré tenha tido que construir uma nova história das ciências englobando o que as diferentes concepções religiosas da época autorizavam então a conceber ou não. Foi assim que Koyré reintegrou na história do pensamento uma coorte de místicos especulativos, teósofos e outros sábios como Nicolau de Cusa, Paracelso, Giordano Bruno, Jacob Boehme[17]..., afastados da teologia oficial inteiramente dedicada a Deus. Uma ocupação exclusiva por Deus que deixou de certa forma vago um imenso campo de reflexão de que esses exploradores se aproveitaram para observar o Mundo e constituí-lo como um

---

[17] E outros ainda em *Mystiques, spirituels, alchimistes du XVIe siècle allemand* (Gallimard, Paris, 1971): Caspar Schwenckfeld, Sébastien Franck, Valentin Weigel.

PANTA RHEI
παντα ρει

Tudo passa.
[...]

Tudo passa. *Tudo* muda. Há todavia o que não muda e que, portanto, está fora do tudo: o *logos* como discurso verdadeiro. Fora do universal não-ser, o discurso tem um ser ("Desse discurso que *é sempre*", fragmento B1); mas o ser de um discurso não é o ser de uma coisa: é o *ser verdadeiro*. "Tudo acontece segundo este discurso" γινομενων γαρ παντων χατα τον λογον τονδε, fragmento B1), o que quer dizer que tudo devém, se produz, se troca, passa (ρει) conforme o que diz este discurso. O discurso diz a verdade sempre verdadeira, eterna. Diz ao sujeito do que muda o que não muda e, primeiramente, que *tudo muda*: isso não muda. Faz ver a razão da universal mudança: a unidade dos contrários, lei universal da natureza, e o que ela implica: a oscilação medida de um contrário ao outro no respeito à lei de equivalência (fragmento B90). O objeto do discurso não é o movimento como tal, inominável, mas as leis, as regras que definem uma ordem universal, a ordem do mundo, esta ordem que é o mundo, ordem eterna, graças à qual o movimento, a fugitividade, a insubstancialidade são eternas. Pois que *tudo passa*, isso será sempre verdadeiro.

Heráclito, Fragmentos.
Nota de Marcel Conche, PUF, 1986.

Poema de Jacques Lacan, enviado em agosto de 1929 a Ferdinand Alquié

mosaico de hieróglifos a serem decifrados, como um universo de signos a serem interpretados, abrindo assim novas vias na pesquisa de suas regularidades escondidas.

Quando se lê a tese de Koyré sobre Jacob Boehme, não pode deixar de vir à mente que Lacan não só conhecia este trabalho, mas dele fez sobretudo bom uso para construir a problemática do estádio do espelho[18]. A razão disso é simples: o tema do espelho é central na obra do sapateiro de Görlitz (1575-1624) a quem seus contemporâneos censuravam por escrever livros ao invés de fazer botas depois que ele foi por várias vezes traspassado por "luzes divinas" entre 1600 e 1612.

A obra de Boehme é por certo proliferativa, cheia de retomadas incessantes,

---

[18] Quando eu estava escrevendo este texto, minha suposição de um conhecimento (ao menos indireta, via Koyré) de Boehme por Lacan era somente teórica. Ora, a comunicação por Mayette Viltard de um poema de Lacan escrito em agosto de 1929 (ver anexo), no ano mesmo da publicação da tese de Koyré, parece-me trazer a esta hipótese uma sólida prova textual. Sem mesmo entrar no comentário do poema de Lacan (que resta a ser feito), é possível, sem grandes riscos interpretativos, notar que ele contém uma solene declaração de intenção de um homem que considera um espelho, o espelho das "Coisas" (destinatário do primeiro verso), um espelho líquido (cf. o "tudo passa" de Heráclito) que o poeta empreende atravessar: "Atravesso vossa água", embora o poema receba por título um sintagma bem singular, "Hiatus irrationalis", para constituir uma espécie de "assinatura": esta expressão mesma se encontra com efeito em Koyré, por exemplo, página 156 e página 497. O poema foi em seguida editado em 1933 na revista de poesia *Le phare de Neuilly*, n° 3/4, p. 37. (retomado no Magazine littéraire, n° 121, em 1977, p. 11.). Obrigado, portanto, a Mayette Viltard por esta preciosa indicação.

HIATUS IRRATIONALIS

Coisas, que corra em vós o suor ou a seiva,
Formas, que nasçais da forja ou do sangue,
Vossa torrente não é mais densa do que meu sonho;
E, se não vos persigo com um desejo incessante,

Atravesso vossa água, precipito-me para a margem
Onde me atrai o peso de meu demônio pensante.
Só, ele se choca contra o solo duro sobre o qual o ser se eleva,
Contra o mal cego e surdo, contra o deus privado de sentido.

Mas, logo que todo verbo pereceu em minha garganta,
Coisas, que nasçais do sangue ou da forja,
Natureza, – perco-me ao fluxo de um elemento:

Aquele que dormita em mim, o mesmo vos levanta,
Formas, que corra em vós o suor ou a seiva,
É o fogo que me faz vosso imortal amante.

H.-P., agosto de 29.

Jacques LACAN.
Le phare de Neuilly, 1933.

* HIATUS IRRATIONALIS
Choses, que coule en vous la sueur ou la sève, / Formes, que vous naissiez de la forge ou du sang, / Votre torrent n'est pas plus dense que mon rêve; / Et, si je ne vous bats d'un désir incessant, / Je traverse votre eau, je tombe vers la grève / Où m'attire le poids de mon démon pensant. / Seul, il heurte au sol dur sur quoi l'être s'élève, / Au mal aveugle et sourd, au dieu privé de sens. / Mais, sitôt que tout verbe a péri dans ma gorge, / Choses, que vous naissiez du sang ou de la forge, / Nature, – je me perds au flux d'un élément: / Celui qui couve en moi, le même vous soulève, / Formes, que coule en vous la sueur ou la sève, / C'est le feu qui me fait votre immortel amant.

tudo parece apenas ínfimos deslocamentos seguidos de súbitas contradições em meio a repetições infinitas; e a tese de Koyré, na medida em que segue passo a passo essa obra em movimento, não é um modelo de leveza. Mas, como confirma o grande especialista do esoterismo ocidental, Antoine Faivre, num livro recente[19], "a imagem e o espelho" continuam sendo as "duas noções-chave" que devem "servir de guia no pensamento volcânico e barroco [de Boehme]" – o que a tese de Koyré de resto valoriza perfeitamente. Lacan, em suma, teve apenas que retomar essas formas da tradição mística especulativa e teosófica da bandeja que lhe estendia Koyré.

E sobre essa bandeja encontramos o espelho, centro da obra boehmiana. O espelho está aliás duplamente em jogo na obra de Boehme, já que este último recebeu suas iluminações divinas a respeito do espelho... ao contemplar o jogo da luz refletindo seus traços na superfície de um vaso de estanho[20].

ANTOINE FAIVRE
ACESSO DO ESOTERISMO OCIDENTAL
II
Nrf Gallimard – Paris, 1996

[...] Baader lembra que "substância" (*Wesen*) e "imagem" (*Bild*) quase sempre são empregadas indiferentemente por Boehme: toda imagem, vimos neste, é substância para aquilo de que ela se tornou a imagem e, ao mesmo tempo, acha-se submetida ou subordinada a essa entidade. Bem mais, se é espiritual, precisa de uma imagem substancial para realizar-se, para tornar-se "efetiva". Inversamente, a imagem não se torna substancial sem esse espírito que ela reflete.
[...] A imagem vê-se conferir um papel de mediação entre produtor e produto, uma vez que este aceita participar ativamente da troca criadora. Concepção muito boehmeana, na verdade. Mas Baader, ao contrário de seu predecessor, não despreza as explicações esquemáticas um pouco abstratas. No pequeno escrito *Para uma teoria da imagem* [*Pour une théorie de l'image*], ele se preocupa em esquematizar. Seja B (o sol, ou Deus), que envia seu raio em A (na água, ou no homem). Aparece então o momento do Desejo: B semeia A nele projetando seu raio (sua imagem). "Sensibilidade" em B, A projeta então em B sua própria semente. Tendo-o recebido, B "acaba a imagem" e "forma o corpo" desta, que remete em A. É assim que a mulher (B) excita no homem (A) a semente, que ele projeta na mulher – e esta semente torna-se uma criança. O mesmo ocorre no negativo: peca-se primeiramente na imaginação, depois na vontade, enfim na ação. Distinguiremos, portanto, três momentos de formação da imagem. O primeiro é "espiritual", é o do "*Geistbild*". O segundo corresponde à vontade de A, que permite à imagem elevar-se ao nível da substância: assim, o raio que a água remete ao sol manifesta-se sob a

---

[19] A. FAIVRE, *Accès de l'ésotérisme occidental II*, Gallimard, Biblioteca das Ciências Humanas, Paris, 1996 (cf. pp. 221-30, "Sophia et Bildniss selon Jacob Boehme").
[20] A. KOYRÉ, *La philosophie de Jacob Boehme*, Vrin, Paris, 1979 (fac-símile da primeira edição de 1929), p. 20.

Não posso neste ponto escapar da aposta que consiste em ressaltar os traços que deveriam permitir apreender melhor as possíveis vias de passagem entre Boehme e Lacan, *via* Koyré.

O ponto de partida de todo o assunto com que Boehme se defronta é evidentemente a deidade. Em outras palavras, aquilo de que não se pode falar muito a não ser recorrendo à teologia negativa. O que de resto não leva muito longe (Boehme fala de uma "clareza infinita", de uma "pura beatitude" e de um "*silêncio infinito*"...), a não ser que se desloque do próprio objeto para o discurso suposto assumi-lo: não se pode falar do objeto, mas pode-se falar da impossibilidade de falar dele. O que empreende Boehme: a deidade é pensada como *Ungrund*, termo inventado por ele. O *Ungrund* "designa a ausência total de determinação, de causa, de fundamento, de razão (*Grund*) e seríamos tentados a traduzi-lo por *Abismo*, se Boehme não continuasse a empregar ao mesmo tempo – e num sentido diferente – o termo *Abgrund*, abismo sem fundo. O *Abgrund*, longe de designar a ausência pura e simples de todo

forma das sete cores, que não são a simples refração de um raio luminoso mas algo como uma septiforme imagem já potencialmente substancial. O terceiro momento é o do acabamento da imagem, que graças a B chega ao estatuto de corporeidade (*Leiblichkeit*), isto é, de realidade no sentido teosófico. Vemos que A permanece sempre livre para responder ao desejo de B, ou para permanecer surdo a seu apelo. O silêncio de B é evocado por Baader num outro relato: "O Espírito não deve vir perturbar o processo de crença em ação em nosso coração, da mesma forma que o sol não deve vir brilhar nas raízes". Guardemos sobretudo que se tornar imagem de Deus não significa reduzir-se a um simples retrato d'Ele, passivo e sem vida. Deus sente alegria em participar de sua imagem simbólica (*Gleichniss*) – o homem – tornada substância ativa, não a nela se refletir de modo catóptrico sem nada experimentar ele mesmo. Deus só experimenta, só sente se a imagem humana se tornou substância.

Gravura de Saturno de Johan Sadeler segundo Maerten de Vos – 1581

A FILOSOFIA DE JACOB BOEHME

por Alexandre Koyré
Paris, 1929, Vrin, 1979, 3ª reedição.
(*trechos da p. 244 à p. 369*)

[...] A tendência à manifestação é absolutamente geral. É por isso que o ser puro e absolutamente indeterminado e ilimitado deseja uma limitação para nela se revelar. Com efeito, o ilimitado e o indeterminado se revelam e se manifestam no limitado e no determinado, seus contrários. Assim, os contrários se chamam, se opõem, se condicionam e se implicam. Não se identificam, mas em sua oposição revelam-se mutuamente. Um só pode conseguir exprimir-se e manifestar-se no outro e pelo outro. O indeterminado aspira a um limite, não para limitar-se todavia, mas para revelar-se. Ele se opõe uma determinação e um limite, para revelar-se e *revelá-la* ao mesmo tempo; revelar-se nela e em relação a ela. Aí está o grande mistério do ser, seu Mysterium Magnum: os contrários se implicam e permanecem unidos em sua oposição reveladora.
[...] Este termo novo é o famoso *Ungrund*[1], termo que designa a ausência total de determinação, de causa, de fundamento, de razão (*Grund*[2]), que seríamos tentados a traduzir por *Abismo*, caso Boehme não continuasse a empregar ao mesmo tempo – e num sentido diferente – o termo *Abgrund*, abismo sem fundo[3]. O *Abgrund*, longe de designar a ausência pura e simples de todo fundamento e de toda determinação no *Absoluto*, não faz senão indicar a falta de fundamento da existência e de centro de realização nos seres que perderam ele e no qual ele tende a se afundar. Ele designa igualmente o abisme ardente (*feuriger Abgrund*) da natureza e do mundo do primeiro princípio[5]. O *Ungrund* de Jacob é o Absoluto absolutamente indeterminado, o Absoluto livre de toda determinação. Sua noção corresponde com bastante exatidão à noção do *Nada divino* da mística alemã clássica: não mais que a mística clássica, aliás, Boehme não consegue ainda distinguir esse Absoluto "absolutamente absoluto" do Absoluto enquanto fundo e fonte criadora de tudo, nem, para falar a verdade, da Divindade, essência comum das três pessoas divinas, nem mesmo do Pai, do Deus em si, do Deus não revelado e desconhecido[6].
[...] Com efeito, pensa Boehme (e vamos agora, para dar ao leitor um exemplo do "estilo" de Boehme e para mostrar até que grau de clareza ele já chegou, deixar ele próprio falar e traduzir tanto quanto possível o texto da questão), "toda vontade possui uma tendência a fazer ou a desejar algo e nesta ação ou neste desejo a vontade se reflete e se contempla". A vontade divina, vontade e liberdade eterna, "vê-se, pois, ela mesma, de toda eternidade e nela mesma vê o que é: faz para si mesma um espelho no qual se mira" e, como não pode nele encontrar outra coisa a não ser si mesma, torna-se ela mesma objeto de seu próprio desejo: o desejo é assim a "segunda forma". "Ora, o desejo não tem objeto e só pode desejar-se a si mesmo". Faz para si então um modelo de sua vontade e o engendra nele mesmo, o que produz nele uma obscuridade, a qual não é um produto da vontade, mas do desejo; mas, uma vez mais, não há ainda nada senão o desejo, que é uma fome, "poderia comer, nada com o que poderia ter se saciado, já que tudo o que está antes do desejo lhe é inacessível" [fora do desejo, antes do desejo, há apenas a liberdade pura da vontade eterna], que "estando fora da *Sucht* [aspiração vital, busca ardente, desejo, fome] e, em relação ao desejo, é um nada, embora em si ele seja algo"[7]. "Mas este algo [a liberdade pura] não é ainda nada de determinado [não é um objeto], nem de apreensível, nem, por conseguinte, de conhecível". Ele não é ser, já que, se o ser já fosse, a vontade indeterminada [a liberdade absoluta] "estaria em algo que não seria ela [seria determinado por algo ao invés de ser o princípio absoluto] e deveria sua existência mesma a esse ser". Por outro lado, a vontade pura é "sem essência [essência significa aqui: potência da natureza]; ela é a eternidade, uma indeterminação, uma paz eterna e um repouso [ausência de movimento]".
"Mas já que o absoluto é assim um infinito sem número nem fundamento, sem começo nem fim, ele é como um espelho: 'ele é tudo e no entanto como um nada; olha a si mesmo e não encontra nada senão um A que é seu olho. Ora, AV é o começo (origem) eterno do ser, princípio eterno e fim eterno'[8]. 'É assim que o Absoluto (o *Ungrund*) olha em si e se acha a si mesmo. A está embaixo e V está em cima, O é o olho: embora não seja ainda ser, mas tal é a origem do ser. Não é nem o baixo nem o alto, mas seu espelho em AV é assim uma visão. Ora, já que [no absoluto] não há fundo, esse espelho é um tal olho O, já que Deus diz ele mesmo: sou A e O, o começo e o fim'".
[...] A criação e a produção do mundo é um *Mysterium*: como, com efeito, a razão poderia compreender que algo fosse ali onde nada era[9]? Mas, por outro lado, esse mistério é não só um fato acontecido outrora, ele se cumpre e se renova todos os dias e a todos os instantes diante de nós e em nós[10]. A passagem do um ao outro, o fato de que o um se divide e se desdobra ao mesmo tempo que permanece *um*, de que o um devém outro que si ao mesmo tempo que permanece si mesmo, é, evidentemente, *Mysterium*[11]: mas vemo-lo cumprir-se todos os dias diante de nós e vemo-lo cumprir-se em nós mesmos.
[...] O objetivo desse desenvolvimento era apenas, no pensamento de Boehme, estabelecer uma distinção qualitativa no seio do Um, pois, segundo o princípio que ele formula inúmeras vezes, o Um não pode se conhecer se não se desdobrar ou se não se dividir em si mesmo[12]. Vimo-lo desdobrar-se sob nossos olhos.
[...] Definimos o Absoluto divino: mistério que se revela a si mesmo; e vimos que essa manifestação é objeto de uma vontade: o Um absoluto quer conhecer-se, perceber-se e sentir-se. Ele é portanto capaz de ver e de olhar; é, por conseguinte, um espelho e um olho[13], pois, diz Boehme, o que ele vê

fundamento e de toda determinação no Absoluto, não faz senão indicar a falta de fundamento da existência e de centro de realização nos seres que perderam seu próprio *Grund* [...]. O *Ungrund* de Jacob Boehme é o Absoluto absolutamente indeterminado, o Absoluto livre de toda determinação. Sua noção corresponde com bastante exatidão à noção do Nada divino da mística alemã clássica"[21] tal como existia desde Mestre Eckhart.

O resultado é uma teoria do "espelho sofiânico"[22]: é saindo desse indizível *Ungrund* que Deus se concebe como sujeito. Deus só pode com efeito conhecer-se a si mesmo opondo-se a Si-Mesmo. Deus se exprime assim no homem, criado à sua imagem, e isso num movimento jamais acabado, infinito, de revelação a Si-mesmo. O meio desse engendramento onde se passa do Um, indizível e invisível, ao múltiplo visível do mundo não é outro senão o espelho, este olho da Sabedoria divina, que contém as imagens de todos os seres individuais.

é um olho e não se pode imaginar uma visão sem colocar um olho. O Um absoluto é portanto um olho que quer olhar e que deseja ver, pois, com efeito, o que é um olho que não vê nada? "Tanto quanto nada", tanto quanto um espelho que não reflete nada; uma simples possibilidade de reflexão e de visão; nem um pouco uma visão real. O Um é um olho que quer ver. Mas que poderia ele ver ali onde não há nada? Nada, evidentemente, a não ser si mesmo[14]. É pois ele mesmo que ele olha e ele mesmo que ele vê e, sendo assim si mesmo sujeito e objeto da visão, pode-se bem dizer que ele se desdobra refletindo-se em si mesmo. Ele é assim seu próprio espelho no qual ele se reflete em si mesmo. Ele é assim seu próprio espelho no qual se reflete e se olha; um olho ou um espelho côncavo como o interior de uma esfera, diz Boehme; um olho que é visto e que vê ao mesmo tempo. Ora, que vê ele? No fundo, não vê nada e no entanto ele *se* vê. Notemos de passagem que, sem nos darmos conta disso, demos mais um passo adiante: a noção de visão permitiu dar ao Um uma estrutura interior, uma estrutura não mais binária, mas já ternária. O olho, com efeito, não é a mesma coisa que a visão.
[...] Dissemos acima que Deus, tal como o analisamos até aqui, se conhece, mas ainda só se conhece de uma maneira bem imperfeita; ele tem consciência de si, mas somente na medida em que é um, não na medida em que é triplo: ele se conhece em sua unidade, não em sua multiplicidade, já que a diversidade interna estava colocada por nós apenas para permitir à unidade apreender-se, virando-se para si mesma, e conhecer-se *como tal*. É preciso, para que Deus se conheça em sua multiplicidade, em sua estrutura interior, que ele se reflita uma vez mais, que projete uma imagem de si mesmo num "espelho" que não seja mais ele mesmo, que seja de certa forma exterior a ele. A trindade exige imperiosamente um quarto termo. A evolução imanente não pode se efetuar sem o concurso

---

[21] Ibid, p. 281.
[22] A. FAIVRE, *Accès de l'ésotérisme occidental II*, op. cit., p. 221.

de uma emanação, de uma expressão *ad extra*.
[...] Este espelho, este quarto termo que Deus se opõe para nele poder se refletir e nele se ver, para tomar assim plena consciência de si mesmo e, posteriormente, poder realizar-se, traz em Boehme os nomes mui veneráveis de *Sofia, Sabedoria divina, Virgem eterna, Glória e Esplendor de Deus*.
Existem no pensamento de Boehme poucas idéias que tenham desempenhado um papel maior; existem poucas concepções que tenham exercido uma influência mais poderosa sobre a posteridade. Não existem absolutamente que sejam mais proteiformes. A sabedoria eterna de Boehme é um olho e, ao mesmo tempo, o espelho no qual Deus se reflete: o mundo das idéias divinas, a imagem eterna do mundo; a revelação eterna de Deus; a habitação, o corpo e as vestes da Divindade. Ela é cada uma dessas coisas e todas a um só tempo. Ela é – e é o que funda a unidade da concepção – o *Objectum*, o *Gegenwurf* eterno de Deus no qual e pelo qual este se reflete, se exprime e se revela. Ela segue, por assim dizer, a evolução imanente de Deus, transformando-se com cada etapa atingida por esta evolução; ela torna possível a Deus uma evolução e, ao mesmo tempo, um intermediário entre Deus e a natureza.
[...] Deus se concebe assim como um sujeito e se opõe a si mesmo, e em idéia, a idéia de algo que não seria ele, de algo de que ele poderia distinguir-se, de algo que possuiria um ser particular.
[...] Vamos dedicar a esta noção uma seção inteira. Limitemo-nos a dizer aqui que a função essencial da natureza divina é permitir a Deus encontrar-se efetivamente e realizar-se enquanto vida. Vida orgânica na medida em que se distingue e se opõe à vida pura do espírito: eis para Boehme o fundo e a fonte mesma da realidade. A vida, grande mágico que cria e engendra algo ali onde nada era; que, desenvolvendo-se, revela-se a si mesma engendrando seu próprio corpo e seu próprio espírito, eis o *principium* verdadeiro de tudo. A vida realiza-se ela mesma: ela é *causa sui*.

Ela é dentro de si mesma uma luta; ela se opõe a si mesma, se vence e se domina, se opõe a seu meio e dele se separa. Ela é uma força que se opõe uma outra força; sua existência é uma vitória perpétua sobre o Nada, sobre a Morte, sobre o *Abgrund* que busca engoli-la e destruí-la.
[...] Não é a vida que, ao engendrar-se a si mesma, engendra a matéria de que ela precisa? E não cumpre ela este outro milagre, o grande milagre da transfiguração, já que ao incorporar a si a matéria ela a consome e a transmuta em espírito? Assim, portanto, a *Natureza* na doutrina de Boehme não é outra coisa senão a vida e os aspectos paradoxais e contraditórios desta natureza se explicam, no fundo, pelo caráter paradoxal e contraditório da vida, que ao mesmo tempo "separa" e "une", "destrói" e "engendra", opõe-se a si mesma e luta contra si mesma, turbilhão eterno do *Sim* e do *Não*, vitória eterna sobre a morte que no entanto ela traz em si, rio escoando no abismo do nada que o atrai e que ele abre, ele mesmo, diante de si.
[...] O desejo absoluto é um desejo no estado puro, é uma indigência ou uma deficiência, uma fome eterna, tão eterna quanto o próprio Absoluto (*o Ungrund*) e quanto a vontade de que ele é eternamente o *contrarium* indispensável. O desejo é uma aspiração do vazio, do *Abgrund* infinito. Ele é ele mesmo este *Abgrund*, abismo sem fundo que todo ser traz em si e no qual ele se abismaria, se por um esforço constante, não o superasse. Ele é a morte eterna, o verme roedor, a angústia eterna que é a fonte e o fundo da vida. É esta, na doutrina de Boehme, sua verdadeira essência. Ora, um desejo é, necessariamente, desejo de algo; o vazio aspira ao pleno que busca preenchê-lo; a fome busca um alimento. O desejo busca portanto algo para atraí-lo para si e engoli-lo em si. Ele busca eternamente em torno de si um ser qualquer, mas não acha nada, já que não há nada ainda que ele possa encontrar, visto que nada é ainda. É o ser que lhe falta e é por isso que ele o procura.
Não encontrando nada, ele se volta

para si mesmo e se enche de si mesmo, atraindo-se e roendo-se a si mesmo. Assim, ele se torna "gordo e cheio", delimita-se e joga em si mesmo uma sombra, que o torna opaco, obscuro e tenebroso. Toda essa operação – inclusive a aparição das trevas – parece ela mesma bastante obscura em Boehme. Por isso ela sempre embaraçou os historiadores; como, com efeito, o vazio ao se aspirar pode se preencher, como a fome, "devorando-se", pode saciar-se? Boehme não explica isso em nenhum lugar, mas parece de fato que estamos lidando aqui com uma simples abstração, com um esquema tão pouco real quanto o era o esquema da vontade limitando-se ela mesma pelo querer.
[...] O desejo, dissemos, volta-se para si mesmo e busca-se a si mesmo. Mas, na verdade, ele não se encontra. Ele se persegue eternamente, fecha-se em si, mas não pode "apreender-se". Ele é um olho cheio de trevas, opaco e impenetrável para si mesmo. Ele persegue, mas foge de si também, pois "não lhe agrada nem um pouco, diz Boehme, ser assim roído, puxado e comprimido". Ora, essa perseguição eterna, que é uma fuga eterna, é circular: ela forma um turbilhão, uma "roda" que faz o vazio dentro de si mesma.
[...] Todas essas imagens encontradas em Boehme derivam, vemos bem, de uma única e mesma realidade, mas elas desnorteiam por sua multiplicidade. Ora, Boehme lhes acrescenta ainda as imagens tiradas da alquimia. Segundo sua teoria – que é aliás a teoria comum da alquimia de sua época – o fogo (a flama) engendra um espírito que por sua vez engendra e nutre o fogo, ou, mais exatamente ainda, o fogo engendra a luz, que engendra o espírito, o qual nutre o fogo, e tudo forma o corpo do fogo que é a flama. Se levarmos em conta tudo isso, podemos nos fazer uma fraca idéia da grande variedade de sentidos que os mesmos termos podem receber em Boehme, do número de aspectos nos quais podem apresentar-se as oposições entre "corpo" e "espírito", "espírito" e "natureza".

Esse desdobramento do Um em múltiplo é sustentado pelo desejo: '"toda vontade', escreve Boehme em *Psychologia Vera*, traduzido e citado por Koyré, 'possui uma tendência a fazer ou a desejar algo e nesta ação ou neste desejo a vontade se reflete e se contempla'. A vontade divina 'vê-se pois ela mesma de toda eternidade e nela mesma vê o que é; faz para si mesma um espelho no qual se mira' e, como não pode nele encontrar outra coisa a não ser si mesma, torna-se ela mesma objeto de seu próprio desejo [...]: 'o desejo não tem objeto e só pode desejar-se a si mesmo [...]. É assim que o Absoluto (o *Ungrund*) olha em si e se acha a si mesmo'"[23].

Em outras palavras, em Boehme, o Um só pode apresentar-se dividido, como indica Koyré: "O *um* só pode chegar a se exprimir e a se manifestar no *outro* e pelo *outro*. O indeterminado aspira a um limite, não para limitar-se todavia, mas para revelar-se. Ele se opõe uma determinação e um limite, para revelar-*se* e revelá-*la* ao mesmo tempo; revelar-se nela e em relação a ela[24]".

[...] É preciso, pois, para que um corpo seja possível – e até para que a primeira força de contração possa existir –, que uma outra força se oponha à sua ação. Para agir, ela precisa de uma resistência que só lhe pode ser fornecida por uma força contrária. Podemos portanto dizer que ela própria cria essa resistência e que ela dá vida à segunda força ou qualidade que a ela se oporá. Aliás, esta segunda força será, tanto quanto a primeira, incapaz de subsistir sozinha sem aniquilar-se; ela deverá, portanto, por sua vez, opor-se a primeira e engendrá-la exatamente como é dela engendrada. Os opostos, os termos contrários se chamam, se engendram e se implicam mutuamente como os pólos de um ímã. A tese só é tese na medida em que se opõe à antítese e esta última implica a tese; não é nem mesmo apenas para ser tese ou antítese que elas se implicam: elas já precisam uma da outra para ser, simplesmente. A alma – o homem para ser mais exato – "imagina" "em Deus", "imagina" "no Cristo", o que quer dizer em Boehme que ele próprio "se reconstrói" segundo a imagem (*Vorbild*) do Cristo que ele forma em si; potência plástica e mágica, *l'imaginatio* "molda" o homem na "forma" imaginada por ele. Ela o transforma nessa imagem que ela o faz imitar; o introduz no Cristo do qual ela o faz participar, e essa transformação não é outra coisa senão a encarnação do Cristo do homem que se torna, num sentido direto e positivo, imagem, encarnação e expressão de Deus. Poderíamos dizer: imaginando "no" Cristo, o fiel o imita e, imitando-o, ele próprio realiza a imagem de Deus.
[...] "Ora, devemos falar também da opacidade (das trevas): ela é em si mesma (em sua essência) uma limitação e, como não há nada que ela limite, ela própria se limita, e se fecha sobre si mesma (se fecha si mesma) e se engendra si mesma. Ela é seu próprio inimigo, pois faz sua *Quaal* sem fundo nem número; e não há nada que lha dê como sua forma própria. Isto tem seu fundamento no

---

[23] A. KOYRÉ, *La philosophie de Jacob Boehme*, op. cit., p. 287-288.
[24] Ibid., p. 245.

primeiro desejo".
"E assim nasce no sofrimento amargo a grande angústia, embora não haja nada que sofra, mas é assim em si mesmo e é sua própria vida; se não fosse assim, o brilho da Majestade não seria tampouco; pois o um é a causa do outro".
"E é por isso que Deus é o que existe de mais secreto e também o que é mais manifesto em *Mysterium Magnum*. E o abismo também é um segredo, mas é tão manifesto como a opacidade (as trevas) e a *Quaal* é impenetrável até que a vontade nela mergulhe; é então que ela é sentida e percebida; é quando a vontade perde a luz [que ela está consciente da obscuridade na qual está mergulhada], e é este o fundamento da fé verdadeira". "Assim, há um *abismo* que se chama *fundamento* porque é uma condensação das trevas na *Quaal*, como uma causa da vida... É também um desejo e o desejo é uma busca que não pode entretanto nada encontrar senão um espelho e uma similitude da *Quaal* obscura e terrível [espelho] onde não há nada; pois é uma figura do raio furioso... e da potência terrível de Deus, segundo o qual ele chama para si um fogo devorante e um Deus colérico e ciumento".
"Esse espelho é também sem fundamento, sem começo nem fim, e tem mesmo assim um começo e um fim eternos".
"Assim, há no abismo absoluto um espelho em que a *Quaal* vê a si mesma, e é igualmente uma figura e uma imagem da *Quaal* que está diante da *Quaal*. Ela nada faz e nada engendra, mas é uma Virgem da *Quaal*, na qual a cólera do raio se vê na infinidade e manifesta eternamente suas maravilhas pelo espírito amargo das *essências* que tem sua vida no raio".
[...] Com efeito, que sejamos mistério para nós mesmos, que não possamos compreender nem nosso próprio nascimento a vida nem o nascimento da razão em *nós*, isso é apenas natural demais. A razão natural, diríamos hoje, é uma visão apontada para a natureza e não para ela mesma. A consciência natural nos dá apenas o eu [*moi*] superficial e exterior da vida exterior, não o eu [*moi*] profundo e verdadeiro que é nossa própria essência. É preciso fazer um retorno sobre si mesmo, é preciso reencontrar e revivificar seu próprio centro profundo, seu eu [*moi*] espiritual. É preciso que o homem se retire em si mesmo, que ele cesse de viver essa vida exterior, fragmentária, que volte para dentro de si mesmo e cesse de ser ele mesmo um fragmento. É preciso que ele apague a luzinha fragmentária e despedaçante da razão exterior, que divide a unidade viva do espírito numa multiplicidade sucessiva de momentos isolados, pois são a razão, fragmento da inteligência, e seu próprio eu [*moi*] exterior, fragmento de seu eu [*moi*] verdadeiro que o impedem de se ver e de se conhecer. É preciso que ele se recrie e renasça para que a luz espiritual, que é habitualmente obscurecida pela razão natural, o faça assistir "em espírito" a seu próprio nascimento ao nascimento nele da razão e do eu [*moi*] exterior. Ele verá então desenrolar-se nele e revelar-se a seu próprio pensamento o mistério de seu ser. É assim que veremos elevar-se à consciência e à inteligência o fundo misterioso de nosso ser e de nossa vida; e, já que a luz espiritual que se acenderá de novo em nós não é outra coisa senão a encarnação espiritual, o nascimento de Deus na alma, chegaremos assim à participação na vida divina que se expressará e se revelará em nós. Entenderemos então em nós mesmos a grande lei do ser: todo ser aspira, com efeito, à consciência e ao conhecimento de si. Todo ser é, em sua essência, desejo de manifestação e de revelação e o próprio ser não passa de uma manifestação *ad extra* de sua própria essência. O mistério está no fundo de todo ser, mas o ser do mistério é sua manifestação; o mistério permanece mistério, mas necessariamente, por si mesmo, ele busca revelar-se. A vida é mistério, mas é justamente um mistério que se realiza ao se manifestar. A vida do mundo é a manifestação de sua essência e as leis do ser são as leis de sua auto-revelação.

1. O termo *Ungrund* (formado como *Unding*) não é, propriamente falando, uma criação verbal de Boehme; a palavra já existia antes dele (cf. Grimm, Wörterbuch, etc. s. v.), mas não tinha o sentido que Boehme lhe deu. *Ungrund* quer dizer primitivamente ausência de razão, pseudo-razão, pseudoprova; o próprio Boehme emprega-o às vezes neste sentido ao falar dos *Ungründe* que os "doutores" e os teólogos trazem para suas afirmações gratuitas e falsas. O sentido especial que Boehme dá a este termo é, com toda evidência, derivado deste primeiro, mas Boehme amplia-o consideravelmente e lhe atribui um valor ontológico. O *Ungrund* é o que não é nada, nem mesmo fundamento, causa ou razão de algo que seja. O *Ungrund* é também [algo] que não tem nem causa, nem fundamento, nem razão. Sendo assim diferente de tudo e separado de tudo, o *Ungrund* é o absoluto (*ab-solutum*) em seu sentido mais forte. Traduzimos portanto o *Ungrund* por *Absoluto*.
2. *Grund*, em Boehme assim como em Schelling, designa a um só tempo a razão de algo e sua causa; seu fundamento ideal e seu fundamento real. Boehme poderá portanto dizer que o *Ungrund* encontra seu *Grund* na divindade luminosa, pois é ali que jaz sua "razão de ser": o *Grund* do germe do ser é o ser. Por outro lado, o *Ungrund* que não é ser tem seu *Grund*, fundamento causal e real de seu ser (de seu ser enquanto Deus, enquanto ser acabado, já que o germe é idêntico ao ser de que ele é o germe) na natureza ou na "cólera" ardente do *Centrum Naturae*.
3. Schelling (cf. *Untersuchungen über das Wesen der menschlichen Freiheit*, Werke, BD. VII, p. 406 e seguintes, Stuttgart, 1860) confundiu *Ungrund* (o Absoluto absolutamente absoluto), *Urgrund* (o Absoluto enquanto fundamento e causa última das coisas) e *Abgrund* (abismo ardente e sem fundo) e falsificou assim sua própria compreensão de Boehme assim como a dos historiadores que vieram após ele. Após e segundo ele todas as pessoas falam do *dunkler Ungrund*, o que é um *non-sens*. O *Ungrund* não é nem claro, nem obscuro, mas, se fosse

O espelho divino contém portanto a totalidade das imagens. Estas imagens possuem uma virtude realizante. Boehme emprega o termo *Bildniss*, no sentido de "imagem-reflexo" que significa igualmente "corpo" e "forma"[25].

Assim, a perfeição se acaba na visibilidade, pelo engendramento recíproco da imagem e de seu modelo num ciclo em que a imagem se renova sem cessar ao passo que "o modelo permanece, pois ele é oriundo do Eterno, cuja criatura saiu para tornar-se o ser" (*Psychologia Vera*)[26]. É preciso evidentemente que um intenso desejo queira a realização dessa imagem da divindade, sem o que ela permanece escondida em si mesma ou se acha relegada no império infernal ou no mundo animal[27]. Para que a imagem apareça, é preciso que seja precipitada, caso contrário se perde. Deve-se notar que esta aceleração

---

[25] Ver as indicações de A. FAIVRE a este respeito. *Accès de l'ésotérisme occidental II*, op. cit., p. 223.
[26] Compreendemos que H. CORBIN, um dos membros do círculo filosófico que gravitava ao redor de Kojève e de Koyré, tenha podido encontrar, em Boehme e a partir do ensinamento de Koyré sobre os místicos especulativos, a matéria necessária para fundar o conceito de "imaginal" que remete ao engendramento recíproco da imagem e de seu modelo.
[27] Ver sobre este ponto A. FAIVRE, *Accès de l'ésotérisme occidental II*, op. cit., p. 229.

---

algo, seria clareza e não trevas. A confusão entre *Ungrund* e *Abgrund* foi favorecida também por Schopenhauer.
4. *Grund* aqui nos dois sentidos do termo.
5. O *Abgrund* designa assim o inferno interior que todo ser traz em si.
6. Em Mestre Eckhart, o Pai, fonte e origem da Trindade, distingue-se muito mal da divindade. Cf. H. Delacroix, *Essai sur le mysticisme spéculatif en Allemagne au XIVè siècle*, Paris, 1900, p. 177 e seguintes.
7. *Psychologia Vera*, qu.I, 14.
8. Cf. Ibid., 15: "es ist Alles und doch auch als ein Nichts; es besihet sich selbst und findet doch nichts als ein A, das ist ein Auge. AV das ist der ewige Urkund das etwas sey dan es ist der ewige Anfang und das ewige Ende". As edições de Gichtel, de Glusing e de Ueberfeld, impressas em caracteres góticos, dão as letras A e V em caracteres latinos. É evidente que nenhum deles entendeu a alusão: AV substitui AU, e U é a um só tempo a única vogal das palavras *Ungrund* e *Urkung* e a última vogal do alfabeto. Ora, o AEIOU sempre desempenhou um grande papel não apenas nas especulações místicas (cf. Dornseiff, *Das Alphabet in Mystik und Magie*, Leipzig, 1925) e cabalísticas, mas ainda no próprio Boehme, e lhe serve para explicar o sentido dos nomes divinos na língua natural. Cf. *Tabula Principiorum*, II, 16.
9. Cf. *De Signatura Rerum*, VI, 8.
10. Cf. *Mysterium Magnum*, Xi, 9, 26; *Clavis*, 96.
11. Cf. já *De Triplici Vita*, cap. XIII, 31, e *Sex Puncta Theosophica*, prefácio.
12. *Theoscopia*, I, 10.
13. Este "olho" aparece igualmente no *Mysterium Magnum*. Cf. cap. 1, 7 e 8.
14. *Sex Puncta Theosophica*, I, 8. A assimilação da vontade a um olho explica-se com relativa facilidade: já vimos acima que, para Boehme, espírito e a visão são conceitos que se implicam.

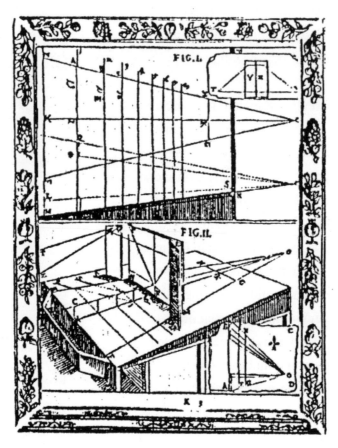

FIGURA 1
Perspectiva acelerada:
La Scène de Troili, 1972

da realização pelo desejo está em perfeito acordo com o que o século XVI descobriu e experimentou quanto às perspectivas aceleradas (ou reduzidas) evidenciadas por Baltrusaitis: mediante a potência, "extensões sem fim podem ser evocadas num espaço reduzido"[28].

Essa criação realizante está impregnada de *Magia Divina*. "A criação e a produção do mundo é um *Mysterium*; como, com efeito, a razão poderia compreender que algo estivesse ali onde nada era? Mas, por outro lado, este mistério é não só um fato acontecido outrora, ele se cumpre e se renova todos os dias e a todos os instantes diante de nós e em nós. A passagem do um ao outro, o fato de que o um se divide e se desdobra ao mesmo tempo que permanece *um*, de que o um devém outro que si ao mesmo tempo que permanece si mesmo é, evidentemente, *Mysterium*: mas vemo-lo cumprir-se todos os dias diante de nós e vemo-lo cumprir-se em nós mesmos [...]. É este o grande mistério do ser, seu *Mysterium Magnum*: os contrários se

---

[28] J. BALTRUSAITIS, *Anamorphoses ou Thaumaturgus opticus – Les perspectives dépravées II*. Flammarion, Paris, 1984, 1996.

JURGIS BALTRUSAITIS

ANAMORFOSES OU THAUMATURGUS OPTICUS
As perspectivas depravadas. II.

A junção entre as artes e a ciência ocorre na Itália na primeira metade do século XV (Ghiberti, Alberti) e provoca uma admirável floração: Piero della Francesca (1469), Leonardo (1492), Jean Pélerin, chamado Viator (1505), Dürer (1525), Vignole (1530-1540), Serlio (1545), Barbaro (1559), Cousin (1560) aplicam metodicamente as teorias matemáticas e elaboram procedimentos que dão soluções para todas as formas. Todas as obras que lhes sucedem exploram o fundo do Renascimento. A perspectiva restitui-se como uma racionalização da vista e como uma realidade objetiva, mas conservando ao mesmo tempo seu lado falso. O desenvolvimento de sua técnica dá meios novos a todos os artifícios. Extensões sem fim podem ser evocadas num espaço reduzido. As distâncias podem ser encurtadas. A posse dos procedimentos de representações exatas conduz à "*Grande Ilusão*" multiplicadora dos mundos factícios que habitou a mente dos homens de todos os tempos, cuja diversidade e potência F. Clerici deixou entrever numa coletânea sábia.

Uma vasta abside é simulada por Bramante em Saint-Satyre de Milão (1482-1486), num espaço que tem apenas 1,20m de profundidade. Os encurtamentos precipitados da cornija, dos caixotões e das pilastras de estuque e de barro cozido dão a impressão completa de uma peça abobadada, mas, se quisermos penetrar nela, chocamo-nos contra uma parede. A igreja inteira é abalada por esse *trompe-l'œil* e tudo é colocado em dúvida. A história da cena teatral é dominada no século XVI pelo problema desse afastamento imaginário. A impressão pode ser obtida não só pelo encurtamento apressado dos limites laterais, mas também pela elevação do horizonte. O mundo onde a realidade e a ficção acabam por se confundir constitui-se progressivamente. Na interpretação de Serlio (1545), retomada por Barbaro (1559), cenas trágicas, cômicas e satíricas de Vitruve, há ainda justaposição do espaço verdadeiro – antecena plana – e do espaço ilusório – cena posterior inclinada – com os dois lados oblíquos acelerando a perspectiva, onde os atores não penetram. A fronteira se atenua no teatro Olímpico de Vicence (Palladio e Scamozzi, 1580-1585) com os tentáculos do cenário permanente, em declive, formando sete bastidores de madeira revestida de estuque desembocando na *"frons scenae"*. Todos os detalhes de arquitetura se encurtam como na abside de Milão, acentuando o efeito de fuga. O espaço ilusório e o espaço verdadeiro nela se comunicam diretamente. Eles não tardam a se fusionar, pela extensão sobre a antecena, primeiramente das paredes oblíquas (teatro de Sabbioneta por Scamozzi, 1588-1589), depois do declive. No tratado de perspectiva de Sirigatti (1596), a cena inteira é inclinada. Os atores não se acham mais na realidade. Eles evoluem no domínio da ilusão. As cenas de Furttenbach (c. 1625), de Sabbatini (1637) e de Troili (1672) (fig. 1) adotam o mesmo princípio de perspectivas aceleradas em torno da representação viva. Conviria pesquisar se disposições semelhantes não intervêm também nos jardins e até nas composições de arquitetura sobre um terreno irregular. O teatro e a vida são constantemente entremeados nessa época e alguns arranjos dos edifícios inspiram-se diretamente das formas teatrais. A colunata da Villa Spada de Roma (c. 1638), construída por Francesco Borromini, produz o efeito de um longo túnel com 8 metros apenas, aproximadamente, por uma contração violenta das dimensões: na entrada 5,80m de altura por 3,50m de largura, na saída 2,45m por 1m, sem nada mudar no desenho dos elementos. A perspectiva acelerada de uma rua da cena Olímpica de Vicence é introduzida no cenário de habitação sob um aspecto mais condensado e mais abrupto. Trata-se aí, provavelmente, de uma fantasia, jogando com o paradoxo, mas ela reflete a concepção fantasmagórica de uma ordem arquitetural.

O procedimento contrário, encurtando a perspectiva, ao fazer os objetos parecerem mais próximos do que estão pelo crescimento dos elementos afastados, é ensinado metodicamente nos tratados de perspectiva. Dürer (1525) o explica para as colunas e para as letras (fig. 2), Serlio (1545), sobre o aparelho de alvenaria. Não se trata, como em Vitruve, do reforço de certos pontos. As dimensões de uma mesma parte duplicam-se, decuplicam-se no topo. As bases de uma parede aumentam à medida que sobem. Os ornamentos se alongam. As espirais das colunas torsas alongam seu passo de cinco vezes na terceira volta. Embaixo, tudo aparece no entanto igualado, as dimensões estando fixadas pelo mesmo ângulo. O raio visual não é o condutor passivo de uma sensação produzida por um objeto. Ele o cria novamente ao projetar na realidade suas formas alteradas.

Um monumento antigo, o templo de Priena, dedicado por Alexandre a Athenas Polia (335), já tinha uma inscrição gravada com letras aumentadas nas linhas superiores, em conformidade com o ângulo euclidiano, mas o sistema ali não deteriora profundamente as proporções, ele as anula nos desenhos do século XVI, onde a potência de projeção é concentrada, para a clareza da demonstração, pelo deslizamento do ponto de vista em direção a seu objeto. Quanto mais próximo ele está, mais é baixo, mais os raios vão obliquamente, mais se prolongam as gradações que eles delimitam sobre a elevação vertical. O resultado são medidas fantásticas. Restituído em seu rigor, o procedimento antigo destrói uma ordem da Antiguidade. O desenho do aparelho é reproduzido por Polienus (1628).

[...] As mesmas dilatações modelam o crânio alegórico no quadro dos Embaixadores de Holbein, executado em Londres em 1533.

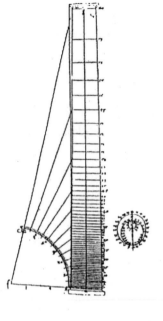

FIGURA 2
Perspectiva reduzida: Retificações óticas para uma coluna reta. Dürer, 1525

implicam e permanecem unidos em sua oposição reveladora"[29].

Existem na obra de Boehme muitos outros aspectos que Koyré examina minuciosamente: um fundo de termos alquímicos (éter, *prima materia*, uma roda paracelsiana de sete elementos...); um princípio vitalista onde a vida se realiza ela mesma como *causa sui*; um princípio de inversão entre luz (*Fiat*) que se devora ela mesma e se torna trevas; uma teoria do Verbo-potência expresso por forças, *Quaal*, intermediárias entre Deus e o mundo real; a suposição de uma "língua da natureza", pré-babélica, adâmica que consiste no valor expressivo dos sons que compõem a fala (o que Lacan nomeia *significantes*), língua de que queremos bem crer que Boehme tenha recebido a revelação tanto suas invenções lingüísticas derivam da forja sonora; uma teoria da Natureza como desejo (*Begehren*) realizado, notadamente em ação no espelho (se o desejo não for forte o suficiente, os seres perdem seu próprio *Grund*, seu centro de realização se desfaz, eles se perdem no *Abgrund*, contexto de

---

[29] A. KOYRÉ, *La philosophie de Jacob Boehme*, op. cit., p. 312 e seguintes.

ALEXANDRE KOYRÉ

A FILOSOFIA DE JACOB BOEHME

[...] O *Marcurius* ou *Mercurius* (prata-viva dos alquimistas)[1] é ao mesmo tempo princípio de movimento, de fluidez, às vezes de vida, de fala e sempre de metalicidade. É esta última propriedade que forma o vínculo no pensamento de Boehme: é em metal que se fabricam os instrumentos que soam. O som, por outro lado, é a potência expressiva e manifestativa por excelência, que encarna a fala, potência mágica e das mais criadoras[2]. Talvez haja ainda uma razão para opor *Salliter* e *Marcurius*. No *salliter* existe sal, virtude do corpo, o que solidifica, o que coagula e faz a matéria propriamente dita. Era natural opor-lhe o mercúrio, princípio (em Paracelso) de vida e de movimento. O papel desse *Marcurius* é aliás muito claro: serve para preencher de sons, de voz, de harmonias e de músicas o paraíso celeste. As qualidades (espíritos-fluidos) chocam-se uma contra a outra e esse atrito produz, graças ao Marcurius (não esqueçamos, de modo algum, que as qualidades estão misturadas, são *ineinander*), uma variedade de sons da qual cada uma exprime uma qualidade determinada e todos estes sons juntos formam uma harmonia celeste que exprime a alegria eterna da vida divina. Bela harmonia que os melhores artistas na terra, tocando os melhores instrumentos, não podem nem se aproximar.
Há algo de tocante, no fundo, nessa concepção, sucedâneo longínqüo da harmonia das esferas, de uma vida divina que se exprime em música e entoa por toda eternidade um coral triunfante ao qual se misturam e que acompanham, como vamos ver, as melodias celestes dos coros angélicos. Com efeito, Deus criou os anjos a fim de que executassem sua música na potência divina, louvassem (o Senhor), cantassem e jubilassem e aumentassem assim a alegria celeste.

1 O mercúrio dos alquimistas é um ser perturbador do qual só uma coisa é certa, é que ele nada tem em comum com o mercúrio vulgar. Na concepção alquímica do mercúrio perpetua-se a tradição helenística do deus Mercúrio = Hermes = Thot, personificação da fala e do pensamento.
2 Isto permite ligar o Mercurius ao Verbo e estabelecer um vínculo entre a alquimia e a teologia do Verbo.

G. W. HEGEL
LIÇÕES SOBRE A HISTÓRIA DA FILOSOFIA

Tomo 6. A filosofia moderna.
(de Bacon ao "Século das Luzes") tradução e anotações
de Pierre Garniron – Vrin 1985.

[...] 1304
Jacob Boehme é o primeiro filósofo alemão; o conteúdo de seu filosofar é autenticamente alemão. O que torna Boehme tão notável é o fato de pôr o princípio protestante, já mencionado, o mundo intelectual, em sua própria alma e de intuir, de saber e de sentir em sua consciência de si o que estava outrora além. Por um lado, a idéia geral de Boehme se mostra profunda e sólida; mas do outro, a despeito de sua necessidade de determinação e de distinção no desenvolvimento de suas intuições divinas do universo, a despeito da luta a que se entrega a este respeito, ele não chega à clareza e à ordem.
[...] 1306-1307
O objeto do cristianismo é a verdade, o espírito, como vimos; a verdade está para a fé enquanto verdade imediata. A fé a possui, mas sem ter dela a consciência, o saber, sem sabê-la como sua consciência de si; e como o pensar, o conceito são essenciais na consciência de si – a unidade dos opostos em Bruno –, é esta unidade que falta antes de tudo à fé. Seus momentos se dissociam em figuras particulares, em particular os momentos mais elevados: o bem e o mal, ou Deus e o diabo, Deus é, e também o diabo, um e outro existem no que lhes diz respeito. Deus é a essência absoluta. Mas que essência absoluta é que não tenha nela toda realidade e em particular o mal? Boehme visa por um lado conduzir a alma do homem à vida, produzir nessa alma mesma a vida divina, intuir o conflito e a luta na própria alma e dela fazer o objeto de seus trabalhos e de seus esforços: ele visa assim descobrir, precisamente a respeito desse conteúdo, como é preciso conceber o mal no bem, ou o mal a partir de Deus – uma questão do tempo presente. Mas como não possui o conceito, Boehme representa-se isso como um combate terrível, doloroso; tem-se um sentimento de luta. *Esta é uma forma bárbara de apresentação e de expressão – um combate de seu ser espiritual, de sua consciência com a língua; e o sujeito desse combate é a idéia mais profunda, que faz ver como se unificam os opostos mais absolutos. (A figura à qual ele recorre de modo mais imediato é o Cristo e a Trindade: vêm em seguida as formas químicas do mercúrio, do salliter, do enxofre, do acre, do ácido, etc.).* Vemos nele a luta em vista de levar esses opostos à unidade e de ligá-los –, mas não para a razão pensante; este aí um esforço prodigioso, selvagem e grosseiro da interioridade para recolher num único todo o que se acha tão afastado pelo aspecto e pela forma. Pela força de seu espírito, ele reúne os dois opostos e os destrói, assim fazendo toda esta significação – este aspecto de realidade que ambos têm. Mas, ao mesmo tempo, como ele apreende esse movimento, essa essência do espírito nele mesmo, logo, na interioridade, a determinação dos momentos se aproxima ainda mais da forma da consciência de si, do que é sem figura, do conceito. *Para resumir isto, Boehme lutou para conceber, para entender em Deus o negativo, o mal, o diabo.*
[...] 1310
A idéia fundamental de Boehme consiste no esforço para manter todas as coisas numa unidade absoluta – a unidade divina absoluta e a unificação de todos os opostos em Deus.
[...] 1314-1315
Há somente um princípio para operar essa distinção que faz com que o um esteja no outro como um nada e esteja, no entanto; mas, de acordo com a propriedade daquilo em que ele está, ele não está manifesto[1]. É este ponto que é central em todo o esforço de Boehme e na questão da unidade de termos absolutamente diferentes. O princípio do conceito está inteiramente vivo em Boehme, exceto que ele não pode exprimi-lo na forma do pensamento. Mas este um (*Einige*) é, diz ele, diferenciado pela *Qual*; o que quer dizer que a *Qual* é precisamente a negatividade consciente de si, sentida. Tudo depende deste ponto: pensar o negativo como simples, embora ele seja ao mesmo tempo um oposto. A *Qual* é portanto esse dilaceramento interior; mas ela é o simples. Da palavra *Qual* Boehme faz derivar *Quellen* (surdir, jorrar), é um bom jogo de palavras; a *Qual*, essa negatividade, passa na vida, na atividade; e é assim que Boehme associa essa palavra com *Qualität* (qualidade), de que ele faz *Quallität*[2]. A absoluta identidade das diferenças está portanto inteiramente presente nele. Assim, Boehme não representa Deus como a unidade vazia, mas como essa unidade dividindo-se ela mesma que é a dos opostos.
[...] 1331-33
Em Deus "todos os espíritos triunfam como um único espírito" e um espírito suaviza e faz sempre o outro; não é senão alegria e delícias. Em Deus as diferenças estão unidas. Um espírito não fica ao lado do outro, como as estrelas no céu. [...] – cada um é assim si mesmo "totalidade" em Deus. "Um engendra o outro" em si mesmo e "por si mesmo"; é este o raio da vida jorrando de todas as qualidades. Boehme procurava portanto, já que Deus está em tudo, apreender o mal no bem, o diabo em Deus; e este combate é o caráter geral de seus escritos e o tormento (*Qual*) de seu

forças antagônicas que absorve todo desejo sem que qualquer existência possa se fundar); um princípio trinitário que procede de uma consciência de si do desdobramento (o engendramento do Filho-Luz pelo Pai se realiza no *Ternarius Sanctus*, o Espírito-Santo)...

Entre estes temas, alguns dos mais importantes – notadamente os da imagem-forma, do desdobramento, do desejo, da inversão – encontram-se no *estádio do espelho* de Lacan. Durante muito tempo se acreditou que estes temas vinham de Hegel. O que não é falso, desde que se saiba que o próprio Hegel os recebera de Boehme. Basta ler nas *Lições sobre a história da filosofia* de Hegel o capítulo bem elogioso sobre Boehme ("o primeiro filósofo alemão") para compreender que não é nada senão o tema boehmiano do desdobramento que é encontrado, levado a novas conseqüências, nos três primeiros capítulos de *A fenomenologia do espírito*. Em outras palavras, o que Lacan encontra em Hegel via Koyré e Kojève são, essencialmente, esquemas boehmianos.

espírito. [...] Da mesma forma que o que vinha em primeiro era a efervescência e a germinação de todas as forças e qualidades, o que vem em segundo é a escalada ao dia. Um conceito capital, que aparece em Boehme sob todas as espécies de configurações e de formas, é o segundo princípio, a Fala, o Separator, a *Qual*, a revelação, isto é, de um modo geral, a egoidade, a fonte de toda separação, da vontade e do ser-em-si que está nas forças das coisas naturais e que é trazido ao repouso na medida em que a luz nele fica mais clara. [...] Deus enquanto essência absoluta simples não é Deus absolutamente; nele não há nada a ser conhecido. O que conhecemos é algo diferente – mas este outro está contido em Deus mesmo, enquanto intuição e conhecimento de Deus. Quanto ao segundo, Boehme diz que uma separação deve ter se produzido nesse *temperamentum*. Ele diz precisamente: Com efeito, nenhuma coisa pode revelar-se a si mesma sem contrariedade; pois se ela nada tem que lhe resiste, sem cessar ela avança para fora e não retorna em si mesma. Mas se ela não retorna em si mesma, como naquilo de que originalmente saiu, então ela nada sabe de seu estado-primitivo (*Urstand*). Ele emprega *Urstand* para substância; e é uma pena que não possamos mais empregar este termo assim como numerosos outros termos pertinentes. "Sem a contrariedade, a vida não teria nenhuma sensibilidade nem querer nem eficácia, ela não teria nem entendimento nem ciência. – Se o Deus escondido, que é um ser e uma vontade uns, por sua vontade não tivesse saído de si mesmo, da ciência eterna no seio do *Temperamentum* para dirigir-se à separatividade da vontade e não tivesse introduzido esta separatividade numa compreensividade (*Infasslichkeit*[3])" (identidade) "para constituir uma vida natural e criatural e a fim de que esta mesma separatividade não estivesse em conflito na vida, como a vontade de Deus, que é somente um, poderia lhe ser manifesta? Como poderia haver um conhecimento de si mesmo numa vontade una?⁴". Como se vê, Boehme está infinitamente acima da vazia abstração do Ser supremo, etc.

[...] 1340
"De uma tal revelação das forças, na qual a vontade do um eterno se contempla, decorre a inteligência (*Verstand*) e a ciência do *Ichts*, já que a vontade eterna intui-se no *Ichts*" (*Ichts* é um jogo de palavras sobre *Nichts* (nada), pois ele é precisamente o negativo; mas é ao mesmo tempo o contrário de *Nichts* e o *Ich* (eu) [*moi*] da consciência de si está contido nele). O Filho, o algo é assim Eu [*Moi*], consciência, consciência de si; o neutro abstrato é Deus, o recolhimento de si mesmo no ponto do ser-para-si é Deus. O outro é então a imagem de Deus. Esta imagem (*Ebenbildniss*) é o "grande mistério, *Mysterium magnum*, enquanto criador de todos os seres e criaturas"; pois ele é o Separator (do todo) "na emanação da vontade que torna separadora a vontade do um eterno – a separatividade na vontade de onde forças e propriedades tiram sua origem (*urständen*)⁵. Este Separator é instituído administrador (*Amtmann*) da natureza, pelo qual a vontade eterna governa todas as coisas, as faz, as forma e as molda"⁶.

[...] 1349-55
O ser-para-si, a percepção-de-si, Boehme o chama contração num único ponto. Isso é acridade, causticidade, penetração, furor; a este domínio pertence a cólera de Deus. Aí está o conteúdo do mal; Boehme apreende aqui o outro de Deus em Deus mesmo. "Esta fonte pode ser iluminada pela grande agitação, o grande levantamento. Pela contração é formado o ser (*Wesen*) criatural, de modo que um *corpus* celeste é formado" apreensível. Mas se ela – a acridade – "é iluminada pelo levantamento (o que só podem fazer as criaturas que são produzidas do *salitter*), é uma ardente veia-fonte da cólera de Deus" que é formada. É aqui o raio que jorra. "O raio é a mãe da luz, pois o raio engendra a luz dele mesmo e ele é o pai do furor; pois o furor mora no raio enquanto semente no pai. E o mesmo raio engendra também o tom ou som; o raio é de uma maneira geral o agente gerador absoluto. O raio está ainda ligado à dor; a luz é o princípio de boa inteligência (*das sich Verständigende*). A geração divina é o surgimento do raio, da vida de todas as qualidades. Tudo isso é tirado da *Aurora*.
Nas *Questiones theosophicæ*, Boehme emprega em particular para o Separator, para esta oposição, também a forma do Sim e do Não. Ele diz: "O leitor deve saber que todas as coisas consistem no Sim e no Não, sejam elas divinas, diabólicas, terrestres ou tudo o que quiserem. O um, enquanto o Sim, é somente força e vida e é a verdade de Deus, ou o próprio Deus. Este seria em si mesmo desconhecível e não haveria nele alegria ou exultação, nem sensibilidade – vida – sem o Não.
O Não é o ob-jeto (*Gegenwurf*) do Sim ou da verdade (essa negatividade é o princípio de todo saber, de todo compreender), a fim de que a verdade seja manifesta e que seja algo onde haja um *contrarium* no qual o amor eterno seja atuante, sensível, querente – e que seja para amar. E não podemos no entanto dizer que o Sim está separado do Não, que são duas coisas justapostas: eles não são, ao contrário, senão uma única coisa, mas se separam eles mesmos em dois princípios (*Anfänge*) e formam dois centros onde cada um opera e quer em si mesmo.

1. *Von Wahrer Gelassenheit*, 1673. O título latino equivalente dado a este escrito é: *De Aequanimitate,* "Da igualdade da alma", a qual é com efeito a calma verdadeira, estável, "*die Wahrer Gelassenheit*" resultando da renúncia à vontade própria e do abandono à vontade de Deus, daí o título dado a este texto por sua primeira tradução francesa: "Da verdadeira equanimidade, dito o abandono e expropriação", em "O caminho para ir a Cristo".
2. *Von den drei Prinzipien Göttlichen Wesens*.
3. Termo criado por Boehme.
4. *Von göttlicher Beschaulichkeit*. Teoscopia. Da contemplação divina; este livro é considerado como sendo do último ano de Boehme: 1624. "Pois uma coisa que tem apenas uma vontade não tem separatividade. Se ela não sente uma contravontade que cause nela o impulso do movimento, ela não se mexe; pois uma coisa nada sabe a mais senão um. E embora seja boa em si mesma, não conhece nem o mal nem o bem pois nada há nela que a torne sensível".
5. *Von göttlicher Beschaulichkeit*. O próprio Hegel comenta o jogo de palavras boehmiano sobre *Ich* (eu) [*je moi*], e *Nichts* (nada) [*néant, rien*]. Este parágrafo acaba (após *Ichts*) assim: "e, na sabedoria de alegria, dá-se o ser de uma similitude, de uma imagem".
6. Prosseguindo sua interpretação do "No começo era a Fala" de São João, Boehme mostra que "assim como o ser mental *Gemüht* do homem no entendimento se dirige para um objeto de uma semelhança com a ajuda dos sentidos..., o ser mental *Gemüht* eterno dirigiu-se pela Fala para na separatividade *Schiedlichkeit* e esta na apropriatividade *Annehmlichkeit* como em sua própria inveja *Lust* e desejo *Begierde*...); que a sensibilidade *Empfindlichkeit* da vontade própria tem por fundamento o desejo, pois a vontade do Um eterno é insensível; e que esta se faz sensível exteriorizando-se em propriedades, e, por conseguinte, em multiplicidade infinita" ("pois cada propriedade tem seu próprio separator"). "Mas", continua Boehme, "a emanação prossegue... até a espécie ígnea, na qual o Um eterno torna-se majestoso, torna-se uma luz: Por aí também que a força eterna se torna desejante e atuante, e que ela é a origem da vida sensível, já que na Fala das forças em emanação uma vida sensível eterna tem sua origem. Pois se a vida não tivesse sensibilidade, ela não teria

Talvez seja tempo de se dar conta de que esse acesso a Boehme, bem longe de ter sido apenas indireto, foi amplamente facilitado pelo imponente trabalho de Koyré sobre Boehme. Mas continuamos não sabendo muito sobre essa relação; tomarei como testemunho dessa ignorância o tratamento da única referência a Jacob Boehme que é encontrada nos *Escritos* (cf. "La direction de la cure", 1958, p. 593). No índice, esta referência se encontra sob a forma fantasista de "Boehme, K." (Karl Boehm?) enquanto que Lacan fazia claramente referência a Jacob Boehme (citado em companhia de Jung a respeito da teoria da *signatura rerum*).

Que eu saiba, nunca se respondeu à questão de saber como "um" texto tão resumido quanto o *estádio do espelho* (nenhuma de suas diversas apresentações excedeu uma dezena de páginas) podia exatamente continuar a se sustentar uma vez que não passa de uma montagem de teses muito heterogêneas onde o materialismo neodarwinista se entende muito bem com a filosofia idealista alemã enquanto que as teorias freudianas do narcisismo convivem com as da Psicologia da Gestalt.

nem querer nem ação; mas o tormento *Peinen* torna-a atuante e querente; e a luz de um tal abrasamento pelo fogo torna-a alegre, pois ela é um bálsamo para o tormento. É dessa ação eterna da sensibilidade... que se origina no mundo visível com todo seu exército..., pois a eternidade de tal ação levando ao fogo, à luz e às trevas dirigiu-se, com o mundo visível, para um ob-jeto *Gegenwurf* e instituiu o Separator de todas as forças da essência emanada pela cobiça administrador da natureza..." (reencontramos então o fim do parágrafo citado no texto hegeliano acima).

Observaremos o papel fundamental da noção de desejo, de cobiça, nesses textos de Boehme, noção que não encontramos nas citações e comentários hegelianos acima.

Minha hipótese, para começar a responder a esta questão, é que é preciso levar em conta o que o *espelho* lacaniano deve ao espelho sofiânico de Jacob Boehme. Minha suposição é que, se o espelho lacaniano foi tão novo e continua a sê-lo, é porque reintroduziu em pleno século XX um esquema de pensamento "irracional", "mágico", barroco, um *hiatus irrationalis* oriundo do misticismo especulativo e teosófico. Para esse esquema de pensamento, o mundo percebido/construído pelo homem é um vasto teatro de espelhos enquanto que o espelho funciona, em si, como o teatro de uma estranha operação, que faz surgir o infinitamente grande no pequeno e, logo, também o pequeno no grande e que converte o infinito em finito ao preço de uma aceleração, de uma precipitação cujo princípio está igualmente muito presente na elaboração lacaniana[30]. Todo o século XVI ocupou-se desses jogos que finalmente deslocaram o espelho,

Hans Holbein le Jeune, Os Embaixadores, 1533

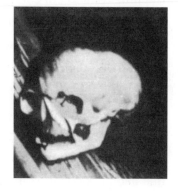

---

[30] Este princípio de precipitação é por exemplo muito audível, pelos termos mesmos, nesta passagem central do estádio do espelho: "O estádio do espelho é um drama *cujo impulso interno se precipita* da insuficiência à antecipação" (sublinhado por mim). É este mesmo princípio que encontramos mais tarde, da "asserção subjetiva antecipante" (em outras palavras, "um ato") ao objeto precipitado (ou reduzido) do quadro de Holbein, Os Embaixadores, esse crânio da *vanitas*, comentado por Lacan na sessão do seminário de 26 de fevereiro de 1964.

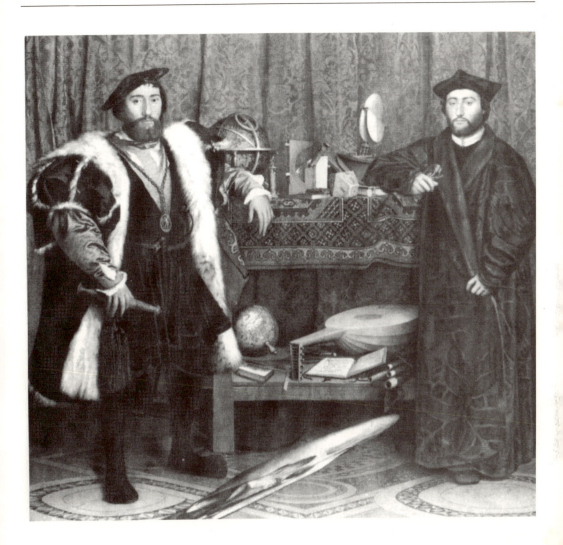

interface da divindade e do homem, de um termo ao outro, do misticismo especulativo barroco de um Cusa no final do século XV ao espaço das vaidades e da finitude humanas no início do século XVII em que um Nicole podia dizer que "um capitão olhando a si mesmo vê um fantasma a cavalo que comanda seus soldados".

Esse movimento foi retomado por Koyré e Lacan.

Esse esquema, afirmando a parte da ficção na constituição da realidade, foi transportado com muita dificuldade para um novo ambiente de pensamento (por Koyré) e deslocado (por Lacan) da deidade para o próprio sujeito.

É essa a verdadeira audácia do espelho: ter tomado uma forma antiga de pensamento como sendo mais moderna que as formas modernas da racionalidade e ter dado a esse pensamento do Um-dividido um lugar de destaque, ao lado dos pensamentos da binaridade e da trindade que surgirão ao longo da elaboração lacaniana[31].

---

[31] Remeto o leitor interessado pela lógica desta forma do Um-dividido (que nomeio, de minha parte, "unário") aos dois livros que publiquei sobre esta questão: D-R. Dufour, *Le Bégaiement des maîtres* (1988), reeditado por Arcanes, Estrasburgo, 1999 e *Folie et Démocratie, essai sur la forme unaire*, Gallimard, Paris, 1996.

Sébastien Stoskopff
Os cinco Sentidos, ou o Verão, 1633

Posfácio à Edição Brasileira

Poderíamos temer – e alguns bons espíritos não deixaram de fazê-lo – que um trabalho sobre as fontes do estádio do espelho reengrenasse a psicanálise, o vivo e o decisivo da psicanálise, em direção à clássica história das idéias com suas lancinantes buscas de filiações, influências e fontes.

Subscrevo essa observação apenas com a reserva de que não é certo que esse tipo de trabalho mereça sempre o opróbrio. Afinal, trabalhos dessa natureza sempre interessaram muito Lacan – basta pensar, entre mil outros exemplos possíveis, nos esforços de Koyré para reintegrar à história do pensamento muitos pensadores místicos especulativos, por muito tempo considerados marginais, que simplesmente abriram a via para a invenção do sujeito da ciência. Sem trabalhos clássicos e universitários, no melhor sentido do termo, como faríamos para estabelecer séries e conjuntos epistemológicos coerentes, isto é, críticos, os quais dificilmente vemos como a psicanálise poderia dispensar, a não ser que virasse mitologia e religião?

Mas há sem dúvida uma outra razão para esse trabalho, que talvez não tenha sido bem percebida pelas poucas observações críticas, bem previsíveis enfim, que lhe foram feitas. Que este posfácio me seja, pois, a oportunidade de explicar melhor meus objetivos. Não é tanto o restabelecimento de filiações na história das idéias que este pequeno livro buscava, ainda que o estranho impasse sobre essa passagem Boehme-Koyré-Lacan, mesmo existindo tantas exegeses do pensamento de Lacan, pudesse ser interrogado: teria havido algo a não saber nesse estranho encontro? Não é impossível que o contato, mesmo indireto, de Lacan com o misticismo especulativo tenha tido um resquício jungiano que não era bom divulgar a todos, mas deixo a outros o cuidado de elucidar estes pontos que meu trabalho se poupa de abordar, mas que deverão de qualquer forma um dia ser trabalhados. Mas se não é, pois, nem a um puro trabalho universitário sobre as fontes, nem a uma pesquisa de opinião sobre alguns impasses nos estudos lacanianos que visa este pequeno trabalho, então o que ele quer?

A resposta poderá surpreender: este trabalho procede de uma tese sobre Lacan que eu poderia enunciar da seguinte maneira: *Lacan é um lugar onde falam múltiplas vozes – inclusive vozes que ele não sabia necessariamente que falavam nele.* Acontece que são os trabalhos de uma brasileira que conheço bem que me abriram a via desta hipótese. Para Marilia Amorim, cujo trabalho consiste num deslocamento muito fecundo das teorias da análise literária de Bakhtin aos textos de pesquisa em ciências humanas, "todo enunciado, saiba ele ou não, queira ele ou não, responde a outros enunciados anteriores. O objeto de que falamos já foi falado antes. A palavra com a qual falamos já foi utilizada antes. E, segundo Bakhtin, trazem sempre sua memória. A pluralidade de contextos de enunciação habita assim cada texto e suas vozes serão tanto mais audíveis quanto a memória discursiva o permitir"[1].

Nesta medida, que é a da hipótese polifônica ou dialógica, não surpreende muito que o texto de Lacan sobre o espelho seja habitado por outros textos e que

---

[1] Marilia Amorim, *Dialogisme et altérité en sciences humaines*, L'Harmatttan, Paris, 1996, p. 97. Ver também *O pesquisador e seu Outro: Bakhtin nas Ciências Humanas* (a ser publicado).

seu texto sobre o espelho traga em si outros textos sobre o espelho. Para falar a verdade, o contrário é que seria espantoso. O texto de Lacan arrisca tanto mais arrastar outros textos porquanto o espelho é um objeto cultural pesado, que não cessamos de encontrar em muitas culturas no centro das especulações artísticas, filosóficas ou religiosas. De modo que nem é necessário que Lacan soubesse que seu texto falava com palavras já investidas para trazer delas a marca. Pois é a natureza do discurso, do discurso usual de todo locutor, trazer consigo sua própria memória discursiva. "A vida da palavra, indica Bakhtin, é sua passagem de um locutor a outro, de um contexto a outro, de uma coletividade social, de uma geração a outra. E a palavra não esquece nunca seu trajeto, não pode livrar-se por completo da ascendência dos contextos concretos de que faz parte. [...] Todo membro de uma coletividade falante encontra não palavras neutras 'lingüísticas', livres das apreciações e das orientações de outrem, mas palavras habitadas por vozes outras. Recebe-as pela voz de outrem, cheias da voz de outrem. Toda palavra por seu próprio contexto provém de um outro contexto, já marcado pela interpretação de outrem. Seu pensamento encontra apenas palavras já ocupadas[2]".

Como indica, por outro lado, Marilia Amorim, "Isso não quer dizer que se esteja apenas repetindo. Mas o trabalho criativo consiste exatamente na luta com as outras enunciações para nelas introduzir sua própria voz. Simplesmente, a criação e a voz do autor não ressoariam fora desse fundo onde outras vozes se ouvem.

---

[2] Bakhtin, *La poétique de Dostoïevski*, citado por Marilia Amorim, op. cit..

Além disso, ainda que fosse uma repetição, também seria nova: um novo contexto de enunciação constitui um novo contexto dialógico, o que sempre produz um novo sentido"[3].

Se Lacan se presta especialmente a esse tipo de análise, é porque durante todo o seu ensino, ele eminentemente deixou falar outras vozes nele. Que tenha sabido, entre essas outras vozes, encontrar a sua própria é inegável, mas só o pôde por ser primeiro um lugar onde a tradição letrada podia vir falar.

Para mim, o imenso interesse de Lacan não reside, pois, nem um pouco, no estabelecimento de um texto monológico que jamais existiu como tal e numa repetição litúrgica desse texto, mas no fato de que Lacan é um desses lugares excepcionais onde as grandes vozes da cultura em geral, depois as grandes vozes deste século agora terminando, se encontraram para produzir afastamentos, efeitos de sentido, resultados inesperados. Em resumo, não posso ler Lacan sem me dizer que Lacan era um lugar, uma espécie de "casa vazia", para retomar uma das metáforas preferidas dos estruturalistas, onde todas as vozes de pensamento em ação podiam vir falar – filosofia, literatura, poética, lingüística, teologia, matemáticas, topologia...

Tendo chegado a este ponto, parece-me possível conjeturar que se o sujeito do ato fundador do espelho e do lacanismo, Lacan (o nome próprio), é um sujeito que, no ato, não está, é muito provavelmente porque muitos outros nele estão; entre os quais Boehme.

Ainda às voltas com estas questões, eu explicava há pouco a um amigo lacaniano que, quando

---

[3] Marilia Amorim, *Dialogisme et altérité en sciences humaines*, op. cit..

leio Lacan, nele ouço, mesmo não nomeados, muitas vozes e autores diferentes e esse amigo me diz então: "Sim, o próprio Lacan talvez nem sempre soubesse, mas eles estão ali assim mesmo". Depois nos calamos, tempo de perceber o que a homofonia proclamava: "eles são Lacan mesmo*".

---

* Jogo de palavras baseado em homofonia: *ils sont là quand même* ("eles estão ali assim mesmo") e *ils sont Lacan même* ("eles são Lacan mesmo"). (NR)

Companhia de Freud
editora

OBRAS PUBLICADAS

Psicanálise e Tempo
Erik Porge

Psicanálise e Análise do Discurso
Nina Leite

Letra a Letra
Jean Allouch

Mal-Estar na Procriação
Marie-Magdeleine Chatel

Marguerite ou
"A Aimée" de Lacan
Jean Allouch

Revista Internacional nº 1
A Clínica Lacaniana

A Criança na Clínica Psicanalítica
Angela Vorcaro

A Feminilidade Velada
Philippe Julien

O Discurso Melancólico
Marie-Claude Lambotte

A Etificação da Psicanálise
Jean Allouch

Roubo de Idéias?
Erik Porge

Os nomes do pai em
Jacques Lacan
Erik Porge

Revista Internacional nº 2
A Histeria

Anorexia mental, ascese, mística
Éric Bidaud

Hitler - A Tirania e a Psicanálise
Jean-Gérard Bursztein

Littoral
A Criança e o Psicanalista

O Amor ao Avesso
Gérard Pommier

Paixões do Ser
Sandra Dias

A Ficção do Si Mesmo
Ana Maria Medeiros da Costa

As Construções do Universal
Monique David-Ménard

Littoral
Luto de Criança

Trata-se uma Criança
*Congresso Internacional de
Psicanálise
e suas Conexões - Vários*

O Adolescente e o Psicanalista
Jean-Jacques Rassial

— Alô, Lacan?
— É claro que não.
Jean Allouch

A Crise de Adolescência
Octave Mannoni e outros

O Adolescente na Psicanálise
Raymond Cahn

A Morte e o Imaginário
na Adolescência
Silvia Tubert

Invocações
Alain Didier-Weill

Um Percurso em Psicanálise
com Lacan
Taciana de Melo Mafra

A Fantasia da Eleição Divina
Sergio Becker

markgraph
Rua Aguiar Moreira, 386 - Bonsucesso
Tel.: (21) 564.1056 - Telefax.: (21) 270.9656
Rio de Janeiro - RJ